W0405907

Berndt von Staden

Erinnerungen aus der Vorzeit

Berndt von Staden

Erinnerungen aus der Vorzeit

Eine Jugend im Baltikum 1919–1939

Siedler Verlag

Dem Andenken von
Georg Baron Stackelberg – Kurküll

Inhalt

Reval 7

Familie 41

Schule 75

Bildung 117

Kurküll 125

Im Hause Girgensohn 153

Nationalismus 163

Nach Dorpat und zurück 179

Deutschland 193

Der letzte Sommer 213

Im estnischen Heer 227

Das letzte Kapitel 233

Reval

Ich wurde am 24. Juni 1919 geboren, in Rostock, was ein Zufall war. Mit der Mehrzahl ihrer Angehörigen war meine Mutter während des estnischen Freiheitskrieges nach Mecklenburg geflohen, während mein Vater im »Baltenregiment« im Verband der jungen estnischen Armee gegen die Bolschewiken kämpfte. Als ich noch nicht ganz drei Jahre alt war, kehrte meine Mutter mit mir nach Reval zurück, wo mein Vater inzwischen beim Bankhaus G. Scheel & Co. Arbeit gefunden hatte. Gestern noch ein reicher Erbe, ein verwöhnter Liebling der Salons, sah er sich im Alter von dreißig Jahren samt Weib und Kind als kleiner Bankangestellter wieder, der sich von der Pike auf mühsam emporarbeiten mußte.

Wir wohnten zuerst in der Baltischportschen Straße (Paldiski Maantee) zur Untermiete bei einer Freundin meiner Großmutter Voigt, der unverheirateten Gräfin Magda Reischach. Sie war Lehrerin gewesen, damals aber schon pensioniert. Wie es sie aus Schwaben ins alte Rußland verschlagen hatte, weiß ich nicht mehr. Doch steht sie mir noch deutlich vor Augen mit ihrem großen trompetenförmigen Hörrohr.

Scheel & Co. war die größte Privatbank des Landes. Ihre Angestellten – die Bankbeamten, wie man sie bei uns nannte – waren durchweg Deutschbalten. Klaus Scheel, der Chef und Inhaber, ließ Anfang der zwanziger Jahre auf einem großen Grundstück in der Vorstadt Fischermay (Kalamaja) zwei Häuser für seine Angestellten bauen. Wir gehörten zu den ersten Mietern, die dort einzogen. Die beiden zweigeschossigen, gelbgestrichenen Häuser lagen einander gegenüber, mit den Schmalseiten zur Straße. Hinter ihnen dehnte sich ein Garten, der mir damals riesig erschien. Darin befanden sich ein kleines rotes Holzhäuschen im finnischen Stil für den Hauswart, den wir mit der estnischen Bezeichnung den Kojamees nannten, und eine Garage, in der indessen nur ein einziges Auto Platz finden konnte.

Wie gesagt, begann mein Vater den ungeliebten Bankberuf in einer sehr bescheidenen Position. Später wurde er Hauptkassierer und dann Filialinspekteur. Zunächst aber galt es sich nach der Decke zu strecken. Unsere Wohnung war klein, lag im Parterre und umfaßte dreieinhalb Zimmer. Hinter der Küche gab es noch einen winzigen Verschlag für eine Hausangestellte, ein Leutezimmer, wie man damals sagte. Wir hatten eine Toilette, aber kein eigenes Bad. Das Bad befand sich im Keller und wurde mit drei anderen Familien geteilt. Jeder hatte seinen Badetag, gewöhnlich einmal in der Woche. Dann wurde der Badeofen mit Holz geheizt. Die Wohnungen selbst waren durch eine Zentralheizung versorgt, die vom Kojamees betrieben und mit Kohle befeuert wurde.

Ich muß etwa vier Jahre alt gewesen sein, als wir in die Wohnung in der Girgensohnstraße (Girgensoni tänav, heute Tööstuse tän.) umzogen. Betrat man sie durch die Vordertür, die wir Paradetür nannten (vom russischen »Paradnaja«), dann hatte man zunächst einen Flur vor sich, der mir damals fast endlos vorkam, tatsächlich aber nicht mehr als etwa sechs bis sieben Meter lang war. Von diesem Flur führte rechts eine Tür ins Eßzimmer, an dessen Tisch etwa acht Personen Platz finden konnten. Daneben führte eine zweite

Als ich noch nicht ganz drei Jahre alt war, kehrte meine Mutter mit mir nach Reval zurück, wo mein Vater inzwischen beim Bankhaus G. Scheel & Co. (rechts im Bild) Arbeit gefunden hatte, der größten Privatbank des Landes, deren Angestellte durchweg Deutschbalten waren. Gestern noch ein reicher Erbe, ein verwöhnter Liebling der Salons, sah sich mein Vater im Alter von dreißig Jahren als kleiner Bankangestellter wieder, der sich von der Pike auf mühsam emporarbeiten mußte.

Tür in ein kleines Kinderzimmer, das mein Reich werden sollte. Am Ende des Flurs befand sich der Eingang zum Wohnzimmer, hinter dem das Schlafzimmer meiner Eltern lag. Mein Kinderzimmer mag zwischen zwölf und vierzehn Quadratmeter groß gewesen sein, die anderen Räume waren etwas größer, zwanzig bis fünfundzwanzig Quadratmeter.

Wenn auch nicht direkt arm, so waren wir anfangs doch sehr knapp bei Kasse. Mehrmals in der Woche ging meine Mutter zum sogenannten »Russischen Markt« (Vene Turg), um je nach Saison billig einzukaufen. Kartoffeln allerdings wurden angeliefert. Ein mit Säcken beladener Handkarren kam unsere geschotterte Straße entlanggefahren, und der Händler rief seine Ware aus. Kartoffeln kaufte man damals noch in »Pud«, was 40 russischen oder etwa 32 deutschen Pfund entsprach. Überhaupt gebrauchte man in den frühen zwanziger Jahren noch die alten russischen Maße: Desjatin (circa 1 Hektar), Werst (circa 1 Kilometer), Arschin (circa 1 Meter), Elle (circa 30 Zentimeter).

Auf dem Markt wurde vor allem Gemüse eingekauft, aber auch Fisch, Eier und Milchprodukte. Fleisch dagegen gab es beim Metzger, der bei uns Fleischer hieß. Allerdings war Fleisch in jenen frühen Revaler Jahren durchaus keine Selbstverständlichkeit für uns. Mein Vater aß mittags in der Bank und kehrte gegen halb fünf heim. Nicht selten bereitete meine Mutter dem »Ernährer« der Familie ein Extrasteak zum Abendessen, an dem sie selbst und ich nicht teilhatten. Diese Sonderbehandlung war meinem Vater verhaßt, und er verbat sie sich immer wieder. Doch meine Mutter ließ nicht davon ab. Schließlich stand Papa eines Abends wortlos auf, öffnete das Fenster und warf das Steak in weitem Bogen in den dunklen Garten. Damit hatten die Sonderzuteilungen ein Ende.

Von uns aus gesehen lag der Russische Markt am anderen Ende der Revaler Altstadt, die nicht sehr groß war, so daß meine Mutter für den Weg nicht mehr als dreißig Minuten benötigte. Von unserer nahe gelegenen Straßenecke fuhr aber auch ein Autobus auf den Markt. Diese Busse nun beschäftigten mich lebhaft – schon deshalb, weil ich mich mit meinem Vetter Harald Girgensohn in Riga in ständigem Wettstreit darüber befand, welche der beiden Städte die schöneren und größeren Busse hätte. Bei den unseren handelte es sich in den frühen Jahren um rote hochbeinige Fahrzeuge der Firma Ford, die damals einen legendären Ruf hatte. Henry Ford galt uns als der Inbegriff des Selfmademan in einem Amerika der unbegrenzten Möglichkeiten. Seine Busse waren schmale, etwa zwanzig Fahrgäste aufneh-

Reval, estnisch Tallinn, die Hauptstadt Estlands und eine Perle an der Ostsee. Es hieß, daß nur der Blick auf Rio und Neapel sich mit dem auf Reval messen könne.

mende Vehikel, in die man vom Heck aus einstieg, um dann vis à vis auf Längsbänken Platz zu nehmen. Sie wurden später von ähnlich gebauten, jedoch etwas größeren Fahrzeugen des französischen Herstellers Berliet abgelöst. Erst in den dreißiger Jahren wurden moderne Busse mit Seitentüren und hintereinander angeordneten Sitzreihen angeschafft.

Zur Schule bin ich übrigens nie mit dem Bus gefahren. Ganz abgesehen davon, daß bis auf den Domberg hinauf, auf dem sich meine Schule befand, ohnedies keine Linie führte, wäre der Fahrpreis zu teuer gewesen. Auch später, als ich seit meinem vierzehnten Jahr am Ende der Narwschen Straße (Narva Maantee) wohnte, einer Tramhaltestelle direkt gegenüber, machte ich den etwa 45 Minuten langen Schulweg auch bei Dunkelheit, Kälte und Glatteis stets zu Fuß.

An der Straßenecke, wo unser Bus hielt, gab es neben einem Fleischerladen eine »Eckbude«. Das war ein kleiner Gemischtwarenladen, in dem man so ziemlich alles fand, was ein kindliches Gemüt sich vorstellen konnte. Neben Papirossy – den russischen Zigaretten mit den langen Pappmundstücken – gab es alle Arten von Getränken, von Limonade bis Wodka, vor allem aber Süßigkeiten ohne Ende, zum Beispiel Schokolade von KAWE, so genannt nach dem Besitzer der Fabrik, Karl Wellner, sowie Tjanuschki und Lady's Fingers. Bei den ersteren, deren Name sich dem russischen Wort »tjanut» (ziehen) verdankte, handelte es sich um zähes Sahnekonfekt, mit dem man in der Tat Zahnplomben ziehen konnte. Lady's Fingers aber waren lange, dünne und saure Bonbons, die später von »Drops« in Rollen – wie heute Vivil – abgelöst wurden. Ich war auf Süßigkeiten nicht gerade versessen, aber da ich wenig Taschengeld bekam, waren die Gelegenheiten, bei denen ich mir etwas leisten konnte, jedesmal ein Fest.

Reval war eine überaus gesellige Stadt. Jedenfalls galt das für diejenigen der rund 6500 deutsch-baltischen Bürger, die sich zur »Gesellschaft« zählten, etwa drei- bis vierhundert Familien, die einen kleinen Ausschnitt des ohnehin winzigen deutsch-baltischen Kosmos darstellten, der in seiner angestammten und vertrauten und zugleich doch fremden Umwelt sein Eigenleben führte.

Innerhalb dieser Familien, die ihre Kinder in eines der beiden achtklassigen Gymnasien schickten, die Dom- und die Elisenschule, fanden meine Eltern bald einen engeren Freundeskreis, mit dem sich ein reger Verkehr entwickelte. Meine Mutter war eine schöne, geistvolle Frau, mein Vater ein eleganter Mann und ein Gentleman *comme il faut*; sie waren jung und beliebt, und obwohl die materiellen Umstände bescheiden blieben, besserten sie sich im Zuge von Beförderungen meines Vaters in seiner Bank doch zusehends. Auch gereichte es der estländischen Gesellschaft nach dem Ersten Weltkrieg zur Ehre, daß sie es verstand, die materielle Notlage, in die man durch die Güterenteignung geraten war, zu überspielen. Man amüsierte sich auch im neuen Rahmen königlich und mit Stil und ließ einander die noch vorhandenen oder sich neu bildenden Einkommensunterschiede nicht spüren. Zu den Freunden meiner Eltern gehörten zwei jüngere ehemalige Gutsbesitzer, Baron T. und Baron R. Ersterer war ein erfolgreicher Geschäftsmann geworden, letzterer schlug sich als Taxifahrer durch. Eines kalten Wintermorgens ließ T. sich von R. zu einer Sitzung fahren, die länger dauerte. Abends im Klub trafen die beiden Freunde am Bridgetisch wieder zusammen. Als R. sich darüber beklagte, daß er in der Kälte lange auf T. habe warten müssen, bemerkte dieser kühl, R.s Uhr sei ja gelaufen und im übrigen spiele man jetzt Bridge. Alle Welt gab T. recht. R. hatte gegen ein ungeschriebenes Gesetz verstoßen. In dieser Gesellschaft also gehörten meine Eltern zu der Gruppe, die man heute als »smart set« bezeichnen würde.

Bis auf Reval und Dorpat gab es im alten Estland keine größeren Städte. Die Hauptstraße des Badeorts Hapsal zeigt die typischen, ein wenig verschlafenen Züge einer estländischen Kleinstadt.

Als ich sechs Jahre alt war, starb mein um drei Jahre jüngerer Bruder Alexander. Er war Bluter, und als er sich eines Tages mit einem Kindersäbel im Rachen verletzte, ließ sich die Blutung nicht mehr stillen. Ich blieb also als Einzelkind zurück. Zu jener Zeit hatte ich ein Kindermädchen, eine junge Russin, Lisa Andrejewna Annus. Ich liebte sie sehr, obwohl sie ein ängstliches Gemüt war und sich um meine Gesundheit so sehr sorgte, daß sie mich sogar Eiscreme erst dann essen ließ, wenn sie schon mehr oder weniger geschmolzen war. Nutzi, wie ich sie nannte, lebte nicht bei uns, denn dazu hätte der Raum nicht gereicht. Nur das Dienstmädchen wohnte in einem winzigen Verschlag hinter der Küche. Doch wenn meine Eltern ausgingen, was sie oft mehrmals in der Woche taten, verschwand verbotenerweise auch das Dienstmädchen, und ich blieb allein in der dunklen Wohnung zurück. Leider war ich mit einer lebhaften Phantasie begabt und besaß eine ausgesprochene Schwäche für Gespenstergeschichten, also für all das, was man heute Horrorstories nennen würde. Noch in späteren Jahren konnte ich nach Filmen wie Frankenstein oder Dr. Mabuse nicht allein sein, ohne entsetzliche Angst auszustehen, die mich vor allem dann überkam, wenn ich mich allein in unserer dunklen Wohnung befand. Der Gedanke an Einbrecher, ja an Mörder machte mir gar nichts aus. Aber ich hatte die größte Furcht, plötzlich ein Monster auftauchen zu sehen.

Noch heute sind mir zwei Alpträume in lebhafter Erinnerung, die sich mehrfach wiederholt haben. In dem einen befand sich in der Ecke meines Kinderzimmers ein großer Kachelofen, den es in Wahrheit gar nicht gab. Dahinter wurden unheimliche Geräusche laut, die, wie ich wußte, von einem unförmigen menschlichen Ungeheuer stammten, das der »Schnarcher Stammbaum« hieß und gleich hinter dem Ofen hervortreten würde. Doch ehe dies geschah, wachte ich regelmäßig in Schweiß gebadet auf.

In dem anderen Traum saß ich mit meinen Eltern im Wohnzimmer neben der Tür, die auf den Flur führte. An der Wohnungstür am Ende des Flurs wurden kratzende Geräusche hörbar, und die Tür öffnete sich, um ein Scheusal mit menschlichem Kopf einzulassen, das sich uns auf allen vieren näherte. In diesem Augenblick löschte mein Vater das Licht und setzte mich vor die Tür des Salons, die er hinter mir schloß. Ehe das Ungeheuer mich erreicht hatte, wachte ich auf.

Merkwürdigerweise entsinne ich mich nicht, über das Verhalten des Dienstmädchens Klage geführt zu haben. Vielleicht scheute ich mich, meine Furchtsamkeit einzugestehen. Bei meinem Vater wenigstens, einem der wenigen wirklich furchtlosen Menschen, die mir begegnet sind, hätte ich kaum mit viel Verständnis rechnen können.

Natürlich luden auch meine Eltern ein und gaben Gesellschaften, wie man zu sagen pflegte, bei denen es sich gewöhnlich um ein Abendessen handelte. Als Kind fand ich das immer sehr aufregend und höchst beeindruckend, und ich habe mich in meinem späteren Leben, ja sogar noch als Botschafter in Washington bei Einladungen im eigenen Haus fast unbewußt bei der Frage ertappt, ob es nun wohl so sei wie damals bei meinen Eltern, also so richtig wie bei Erwachsenen. Tatsächlich aber fand die Geselligkeit bei uns zu Hause damals in einem recht bescheidenen Rahmen statt, faßten doch Salon und Speisezimmer höchstens zehn Personen.

Obgleich ich bis zur Weihnachtszeit 1932, also bis zum Alter von zwölf Jahren, im Elternhaus gewohnt habe, erinnere ich mich nicht, zur Begrüßung unserer Gäste je hinzugezogen worden zu sein. Allerdings habe ich das keineswegs als Zurücksetzung empfunden; anscheinend war es damals nicht üblich. Um so interessierter verfolgte ich die Vorbereitungen. Vom frühen Morgen an stand meine Mutter mit dem Mädchen in der Küche, wo vor allem auf die Herstellung der *Sakuska* viel Liebe verwandt wurde. Es handelte sich um das, was im Deutschen Zubiß, besser vielleicht Gabelbissen genannt wird, jedoch nicht die gleiche Funktion hat wie im Baltikum. Wein, den man importieren mußte, galt nach dem Ersten Weltkrieg als unerschwinglicher Luxus, nicht zuletzt für die verarmte ehemalige *landed gentry*. Von seltenen Ausnahmen abgesehen, reichte man ihn nur zu hohen Familienfesten, Hochzeiten und allenfalls Taufen. So begann man sein Essen nach russischer Sitte mit Wodka, von dem sich die Damen zwei bis drei Gläschen, die Herren mitunter bedeutend mehr genehmigten. Kein Balte aber würde einen Wodka trinken, ohne darauf einen Happen zu essen, eben die *Sakuska*.

Auch sonst gab es beim Wodkatrinken eine Anzahl ungeschriebener, aber strenger Regeln. Man trank immer gemeinsam, wozu der Hausherr jeweils das Signal gab. Von den Herren wurde erwartet, daß sie ex tranken, ihr Glas also jedesmal mit einem Zug leerten. Wer »abbiß«, also nur halbe oder gar viertel Gläser trank, riskierte als das angesehen zu werden, was die Amerikaner mit einem sehr plastischen Ausdruck eine *sissy* nennen. Alten Herren wurde natürlich Pardon gegeben. Nach den Vorspeisen wurde gelegentlich noch ein »Suppenschnaps« getrunken. Wer aber selbst zum Nachtisch noch einen Wodka zischte, galt als extravagant und schlecht erzogen.

Die Regel, daß Damen nur zwei bis drei Gläschen tranken, kannte im übrigen durchaus auch Ausnahmen. Durchgehend von Wodka begleitet waren etwa die sehr beliebten Krebsessen, die sich oft stundenlang hinzogen. Ich erinnere mich, einer recht lebenslustigen Dame aus solchem Anlaß nicht weniger als vierzehn Gläschen eingeschenkt zu haben. Ihre Augen wurden größer, sonst merkte man nichts. Und darauf allein kam es an.

Wein, wie gesagt, war ein seltener Luxus. Doch in einigen Landhäusern oder auch in städtischen Haushalten mit großen Gärten wurden Obst- und Beerenweine hergestellt. Das waren wenig beliebte Getränke, in aller Regel ein ziemlich ungenießbares Gesöff, das überdies die fatale Eigenschaft hatte, in die Beine zu fahren. Mancher Zecher, der sich im Kopf noch ziemlich klar wähnte, stellte beim Aufstehen fest, daß sein Fahrgestell ihm den Dienst versagte.

Die *Sakuski,* die bei den Diners meiner Eltern auf den Tisch gezaubert wurden, bestanden aus russischen Eiern, allerhand Fischen, wie Kieler Sprotten, Revaler Killo und Rigaer Neunaugen sowie marinierten Heringen und geräuchertem Lachs. Dazu gab es Pasteten, heiße Piroggen und gelegentlich auch Kaviarbrötchen mit einem inländischen kleinkörnigen Kaviar.

Was nach den Vorspeisen getrunken wurde, ist mir nicht mehr in Erinnerung. Wahrscheinlich tranken die Herren ein Glas Bier. Nach dem Essen saß man stundenlang beim Kaffee beisammen, wozu einheimische Liköre und Weinbrand gereicht wurden. Frankreich hatte für die diplomatische Anerkennung Estlands zur Bedingung gemacht, daß der Name Cognac nicht verwendet werden durfte. Einer unserer führenden Fabrikanten, ein findiger Mann, taufte sein Erzeugnis daraufhin Cagnoc, was er so zu drucken wußte, daß es sich von Cognac kaum unterschied.

Mein Verhältnis zu meiner Mutter war ebenso eng wie ihres zu mir. Sie war sehr liebevoll, konnte gelegentlich aber auch ungeduldig reagieren, wenn ich ihr auf die Nerven ging. Dann kam es wohl auch vor, daß sie, wie man bei uns sagte, ein lockeres Handgelenk hatte und es eine Maulschelle setzte. Bald lernte ich, der Ohrfeige auszuweichen, und so prallte die mütterliche Hand eines Tages gegen eine Schrankkante. Diese schmerzliche Erfahrung beendete die Phase der körperlichen Pädagogik. Aber noch Jahre später meinte meine arme Mama, sie würde der Maulschellen wegen wohl in der Hölle büßen müssen.

Ja, die Hölle! Sie spielte in meiner Kinderwelt keine geringe Rolle. Meine Großmutter Voigt entstammte der Pastorenfamilie Girgensohn und hatte ihre Töchter streng religiös erzogen. Meine Mutter hat sich davon in ihrem späteren Leben zwar weitgehend frei gemacht, doch zu der Zeit, als ich ein Kind war, lebte sie, eine mondäne Frau, geistig durchaus noch in der von ihrer eigenen Mutter bestimmten Atmosphäre des Elternhauses. Die Sünde wider den Heiligen Geist, so lehrte mich Mama, könne nicht vergeben werden. Dafür müsse man im ewigen Feuer büßen. Auf meine Frage, was denn die Sünde wider den Heiligen Geist sei, erhielt ich zur Antwort, eine solche Sünde sei beispielsweise, wenn man Jesus Christus verunglimpfe. Der Gedanke schreckte und faszinierte mich zugleich. Ich wußte, wie weh es tat, sich den Finger zu verbrennen, und stellte mir die Qualen des ewigen Feuers daher unausdenkbar schrecklich vor. Und doch spürte ich einen unwiderstehlichen Drang, eben diese Sünde zu begehen. So verunglimpfte ich denn unseren Herrn in Gedanken, um anschließend fürchterliche Angst vor der nunmehr unwiderruflichen Strafe zu bekommen.

Auch in anderer Hinsicht war die moralische Unterweisung damals ungewöhnlich strikt. Von der heutigen Freizügigkeit war man ohnedies Äonen entfernt. Die »Pariser Hefte«, die wir später als Gymnasiasten nur sehr gelegent-

Mein Verhältnis zu meiner Mutter war ebenso eng wie ihres zu mir. Sie war sehr liebevoll, konnte gelegentlich aber auch ungeduldig reagieren, wenn ich ihr auf die Nerven ging. Dann kam es wohl auch vor, daß sie, wie man bei uns sagte, ein lockeres Handgelenk hatte und es eine Maulschelle setzte.

lich unterm Ladentisch erstanden und sorgsam verborgen hielten, waren kaum anzüglicher, als es heutzutage jede dritte Reklame in den Zeitschriften oder im Fernsehen ist. Dennoch ist die Prüderie, zu der ich erzogen wurde, inzwischen gar nicht mehr vorstellbar. Andererseits aber wurden eben auch »Treu und Redlichkeit« sehr groß geschrieben, und so verbrachte ich meine Kinderjahre in einer Welt, die vielleicht nicht frei von Vorurteilen war, dafür aber in vielem weit mehr einer »heilen Welt« entsprach, als das heute der Fall ist.

Weniger eng war das Verhältnis zu meinem Vater. Dem eleganten Kavalier, von großer Liebenswürdigkeit, doch eher kühl, mangelte die Begabung, sich mit Kindern zu beschäftigen oder gar auf sie einzugehen. In späteren Jahren habe ich mich mit ihm gut unterhalten können, ohne daß wir viele gemeinsame Interessen gehabt hätten. Doch mit dem Kind wußte er nichts Rechtes anzufangen. Auch war er bei aller Weltläufigkeit doch zu zurückhaltend, letztlich vielleicht sogar zu gehemmt, um meine Entwicklung mit Rat und Tat zu begleiten. Eines Abends, als wir ausnahmsweise allein miteinander waren, wußte er nichts Besseres zu tun, als mir aus dem Faust vorzulesen. In der betreffenden Szene läßt Goethe seinen Mephisto eine unanständige Gebärde machen. Meine Frage, worin diese Gebärde denn nun bestanden habe, versetzte Papa in sichtbare Verlegenheit.

Das gesellschaftliche Leben meiner Eltern erschöpfte sich nicht in den zahlreichen kleineren Abendeinladungen. Höhepunkte der Saison waren vielmehr die Bälle, von denen namentlich drei sich jährlich wiederholten: der Aktienball, der Ball der Gräfin Stackelberg und der Schwarzhäupterball. Da man erst nach dem Abitur an ihnen teilnehmen durfte, habe ich sie selbst nicht mehr erlebt, doch meine Mutter hat sie in ihren Erinnerungen anschaulich festgehalten.

Der Aktienball fand, wie sein Name es sagt, im sogenannten Aktienklub statt, den der estländische Adel vor dem Ersten Weltkrieg »auf Aktien« gegründet hatte, um seinem gesellschaftlichen Leben in der Landeshauptstadt einen Mittelpunkt zu geben. Ich erinnere mich seiner besonders gut, weil meine Eltern mich sonntags, wenn unser Mädchen Ausgang hatte, dorthin des öfteren zum Mittagessen mitnahmen. Untergebracht war der Klub in dem eleganten früheren Stadthaus der Barone Üxküll an der Ecke der Breitstraße und Klosterstraße (Lai tän./ Suure Kloostri tän.). Seine Räume waren nicht besonders groß, aber geschmackvoll eingerichtet und einladend. Im Parterre befand sich außer den Wirtschaftsräumen nur das Lesezimmer. Hier fanden die Herren – man hatte den Klub nach englischem Vorbild als Herrenklub konzipiert – allerlei Zeitungen und Zeitschriften, und es herrschte völlige Stille. Im ersten Stock gab es einen hübschen Saal mit Spiegeln und Stuckverzierungen, in dem bei den Bällen getanzt wurde. Ihm schlossen sich auf der einen Seite das Kartenzimmer an, wo man sich dem damals weitverbreiteten Bridgespiel hingab, auf der anderen Seite das geräumige Speisezimmer, in dem die Herren an den Klubabenden gemeinsam speisten. Diese Abende fanden freitags statt, und ich erinnere mich, daß mein Vater viele Jahre hindurch kaum einen ausließ. Außerdem gab es noch den Damensalon, in dem man an vier Tischen essen konnte, und ein weiteres kleineres Eßzimmer, zu dem die Damen gleichfalls Zutritt hatten.

Es muß gegen Ende der zwanziger Jahre gewesen sein, als mein Vater zum Vizepräsidenten des Klubs gewählt wurde – eine große Auszeichnung, denn als »Livländer« war er in Estland eigentlich ein Fremder, und zwischen den alten Provinzen bestand seit je ein Verhältnis, in dem sich gegenseitiger Respekt und Stichelei die Waage hielten. Den

Der sogenannte Aktienklub (Bildmitte, rechte Straßenseite), den der estländische Adel vor dem Ersten Weltkrieg »auf Aktien« gegründet hatte, um seinem gesellschaftlichen Leben in der Landeshauptstadt einen Mittelpunkt zu geben. Ich erinnere mich seiner besonders gut, weil meine Eltern mich sonntags, wenn unser Mädchen Ausgang hatte, des öfteren zum Mittagessen dorthin mitnahmen.

Livländern wurde geistiger Hochmut vorgeworfen und wohl auch eine gewisse Arroganz, den Estländern wiederum Leichtlebigkeit, mangelnde geistige Interessen und eine Neigung, sich den wechselnden Umständen anzupassen. Ob dieser Vorwurf berechtigt war, ist für den nach dem Umbruch von 1917/18 Geborenen rückschauend schwer zu sagen. Möglicherweise hat eine Rolle gespielt, daß der estländische Adel sich vor 1917 stärker nach St. Petersburg hin orientierte als der livländische. Hof-, Militär- und Verwaltungsdienst in der kaiserlichen Metropole war für die Estländer etwas Selbstverständliches, schon deshalb, weil ihr kargerer Boden es allein aus wirtschaftlichen Gründen nahelegte, den Hof- und Staatsdienst zu suchen. Mit dem Einsetzen der Russifizierungspolitik im letzten Drittel des 19. Jahrhunderts aber begannen die Geister sich zu scheiden, und während in Livland eine deutschnationale Bewegung entstand, fehlte sie in Estland fast gänzlich.

Mein Vater also wurde akzeptiert und zum Vizepräsidenten des Klubs ernannt. Präsident jedoch hätte er nie werden können. Soweit ging die Liebe denn doch nicht.

Mitglied wurde man durch Ballotage, und in diesem Zusammenhang ist mir ein Vorfall im Gedächtnis geblieben, der in mehr als einer Hinsicht typisch war. Der Aktienklub war, wie gesagt, ein Klub des estländischen Adels, doch wurden gelegentlich auch Angehörige anderer eingesessener Familien aufgenommen. Nun zog aus Deutschland ein Herr S. zu, der sich in Reval mit einem Installationsgeschäft sehr erfolgreich etablierte. Das Risiko wohl nicht ganz erkennend, bewarb er sich um die Mitgliedschaft im Klub, woraufhin aus der an sich streng vertraulichen Ballotagesitzung das Gerücht drang, ein Mitglied habe gegen die Aufnahme von S. plädiert, denn schließlich handele der Mann mit Toiletten! Darauf aber habe sich der Präsident des Klubs, ein alter Baron Rosen, Besitzer einer Zellstoffabrik, erhoben und trocken bemerkt, er mache das Papier dazu. S. wurde aufgenommen, betrat den Klub nie und unterstützte ihn jahrelang aufs großzügigste.

Übrigens verfügte der Klub noch über zwei richtige estnische Diener. Sie trugen blaue Fräcke mit silbernen Knöpfen, eine gestreifte Weste und ein weißes Hemd mit weißer Schleife. Deutlich ist mir besonders einer von ihnen in Erinnerung, Jaan mit Namen, ein munterer, rundlicher Mann von etwa fünfzig Jahren, der sich durch ein meckerndes Lachen auszeichnete, das er vor allem dann hören ließ, wenn vom Menu des Klubs eine Vorspeise bestellt wurde, die sich *Oeuf Cocotte* nannte. Wann immer die Wahl auf dieses Gericht fiel, wiederholte Jaan laut meckernd: »Härrad soovivad kokottid!« – Die Herren wünschen Kokotten!

In den dreißiger Jahren wurde einer der Diener dann durch eine Serviererin ersetzt, eine Neuerung, die zunächst Kopfschütteln hervorrief.

Die Mittagessen im Klub bereiteten mir viel Freude, denn hier durfte ich selbst aussuchen, was ich essen wollte. Gewöhnlich war das Filet mignon, zwei kleine Steaks in pikanter Sauce auf Toast und dazu Sidroni Soda, Sodawasser gesüßt mit Zitronengeschmack.

Mitunter gesellten sich Freunde meiner Eltern zu uns, und ich lauschte mit Vergnügen den endlosen Anekdoten, die einige von ihnen zu erzählen wußten. Balten, zumal Estländer, waren große Anekdotenerzähler. Nicht selten entwickelte sich ein regelrechter Wettbewerb, bei dem der eine mit seiner Geschichte kaum an sich halten konnte, bis der andere fertig war. Unter den Erzählern tat sich Ernst Turmann hervor, Besitzer des Ritterguts Pikva oder vielmehr dessen, was die Güterenteignung davon übriggelassen hatte. Er war ein estländisches Original. Als einziger der wenigen Rittergutsbesitzer bürgerlicher Herkunft hatte er von dem Privileg Gebrauch gemacht, Mitglied des Estländischen Gemeinnützigen Verbandes zu werden, der die kraft Gesetzes aufgelöste Ritterschaft abgelöst hatte. Deshalb und wegen seines etwas großartigen Auftretens wurde er »der Fürst« genannt, was seinem jüngeren Bruder Harry prompt den Spitznamen »der Graf« eintrug. Überhaupt waren die Estländer groß im Erfinden von Spitznamen, wobei sie gerne boshaft waren, ohne je bösartig zu werden. So erhielt der über zwei Meter große rothaarige deutsche Gesandtschaftsrat, der spätere Protokollchef Freiherr von Dörnberg, den Namen »das Alpenglühen«. Ein Herr von N., Oberst im kaiserlich-russischen Heer, den der weiße General Judenitsch noch nach der Revolution zum General ernannt hatte, wurde »Generaliter« genannt. Den deutschen Attaché Freiherrn von Welck, später Botschafter der Bundesrepublik in Madrid, taufte man Välgu Michkel, was soviel wie Blitzmichel bedeutet und im Estnischen ein Feuerzeug bezeichnet. Und dann gab es den Bouillongrafen. Mit ihm hatte es eine besondere Bewandtnis, jedenfalls für mich.

Es handelte sich um einen Grafen Ungern-Sternberg, einen alten Junggesellen, den damals Letzten seines Stammes. Als Kind, so erzählte man sich, sei er schwächlich gewesen, weshalb man ihn in Bouillon gebadet habe. Das blieb zeitlebens an ihm hängen. Als ich ihm das erste Mal begegnete, mag ich acht oder neun Jahre alt gewesen sein. Der alte Herr war von einer extremen Magerkeit und außerordentlich groß. Er ging leicht gebeugt, und aus irgendeinem Grund erschreckte sein Anblick mich zutiefst. Jedenfalls waren mir die Besuche im Klub, wo wir ihn getroffen hatten, für lange Zeit verleidet, weil ich fürchtete, ihm erneut zu begegnen. Schließlich gestand ich die Furcht meinen Eltern, die nicht begriffen hatten, was mit mir los war. Meine Mutter wußte mich zu beruhigen, und der Bouillongraf verlor seinen Schrecken für mich.

Im Aktienklub fand auch der Ball der Gräfin Stackelberg-Paggar statt. Die alte verwitwete Gräfin war die ungekrönte Königin der Revaler Gesellschaft. Es hieß, daß die ausländischen Gesandten – es gab deren sechs oder sieben sur place, den Sowjetrussen nicht eingerechnet – ihr Antrittsbesuche machten. Man erzählte sich, daß sie und ihre Schwester, die Baronin Stackelberg-Fähna, als junge Mädchen zur Kunst der Unterhaltung erzogen worden seien, indem man sie leeren Stühlen gegenübersetzte, mit denen sie zwanzig Minuten lang Konversation machen mußten. Ob das stimmt, weiß ich nicht. Doch erinnere ich mich, der alten stattlichen Dame einmal im halbdunklen Treppenhaus ihres Domizils begegnet zu sein. Ich grüßte sie mit allem schuldigen Respekt, worauf sie sich mit großer Liebenswürdigkeit nach dem Befinden meiner Mutter und meinen schulischen Leistungen erkundigte. Am Ende fragte sie mich dann, wer ich eigentlich sei, im Halbdunkel könne sie das nicht erkennen.

Zu den Prärogativen der Gräfin gehörte es, einem Damenkomitee vorzustehen, das alljährlich einen Wohltätigkeitsball veranstaltete, eben den »Ball der Gräfin Stackelberg«.

Veranstaltungen solcher Art kam bei uns große Bedeutung zu. Sie dienten der Unterstützung für die immer zahlreicheren alten und kranken Angehörigen unserer langsam verarmenden Volksgruppe, die sich selbst nicht mehr zu helfen wußten. Öffentliche Fürsorge, wie sie uns heute selbstverständlich ist, war in Estland damals so gut wie unbekannt. An ihrer Stelle hatten wir ein weitverzweigtes System karitativer Selbsthilfe entwickelt, das durch Sammlungen, Veranstaltungen, Lotterien und Beiträge finanziert wurde.

Der dritte Ball der Saison, der Schwarzhäupterball, unterschied sich von den beiden anderen dadurch, daß hier

In der Langstraße in Reval. Im Vordergrund die »Drei Schwestern«, drei besonders gut erhaltene Bürgerhäuser, die zu den Sehenswürdigkeiten der alten Stadt zählen. Charakteristisch sind die Flaschenzüge, mit den man die Handelsware in die Speicherräume auf dem Dachboden hinaufzog.

nicht der Adel tonangebend war, sondern das Revaler Großbürgertum und die Vertreter der Wirtschaft und der freien Berufe.

Etwas anders als in der livländischen Metropole Riga mischten sich Adel und Großbürgertum ohne viel wechselseitige Diskriminierung. Zu diesem Zusammenwachsen, das für den liberalen Geist der Estländer charakteristisch war, hatten schon im 19. Jahrhundert die baltischen studentischen Korporationen an der Landesuniversität Dorpat (Tartu) beigetragen, wo sich die Söhne der drei baltischen Stände trafen: Adel, Literaten und Patrizier. Hier wurden oft Freundschaften fürs Leben geschlossen, und auf den Bällen lernten auch die jungen Damen die Freunde ihrer Brüder und Vettern kennen. Recht häufig wurde dann untereinander geheiratet.

Auch zum engeren Freundeskreis meiner Eltern zählten keineswegs nur Angehörige der *landed gentry*. Im Gegenteil, es waren darunter nicht wenige Vertreter akademischer oder kaufmännischer Familien. So überschnitten sich die Kreise, ohne doch ineinander aufzugehen.

Die Schwarzhäupterbruderschaft war im Mittelalter eine Verbindung der unverheirateten jungen Kaufleute der Großen Gilde gewesen, die zugleich die städtische Kavallerie stellten. Frühzeitig errichteten sie sich ein eigenes Verbindungshaus, einen schönen Renaissancebau in der Langstraße (Pikk tan.), der noch heute ein Schmuckstück der Altstadt von Reval ist und mit seinem »Weißen Saal« den größten Ballsaal am Platz beherbergt.

Damals fanden in dem Verbindungshaus der Schwarzhäupterbruderschaft im übrigen auch viele Wohltätigkeitsveranstaltungen wie etwa die Basare statt, an denen die Kinder teilnehmen durften. Ich bin oft dabeigewesen und gewann einmal sogar das Große Los: eine Puppe, die ihre Augen schloß, wenn man sie hinlegte.

Auch abgesehen von den Abendeinladungen und Bällen führte meine Mutter ein reges gesellschaftliches Leben. Die Damen besuchten einander zum Tee, vor allem aber erfreuten sich die vormittäglichen Rendezvous im Café großer Beliebtheit. Die Damen nannten das »die Börse« und tauschten hier ihre Neuigkeiten aus. Man traf sich zuerst im Café Feischner in der Schmiedestraße (Harjutän.), später, nach Errichtung des ersten »Hochhauses« in Reval, des sechsstöckigen Verwaltungsgebäudes der Versicherungsgesellschaft EKA auf dem Freiheitsplatz (Vabaduse Valjak), in dem dort gelegenen Café Corso. Auch traf Mama sich häufig vor- oder nachmittags mit dem einen oder anderen ihrer beiden getreuen Verehrer Onkel Bengt Stackelberg und Helmut Schulmann. Honni soit qui mal y pense! Niemand wäre auf den Gedanken gekommen, etwas Unschickliches darin zu sehen.

All dies nahm recht viel Zeit in Anspruch, und so sah ich mich, wenn ich nicht im Kindergarten oder in der Grundschule war, oft allein.

Überhaupt war ich ein eher scheues Kind, das sich nicht leicht anschloß und sogenannte Kindergesellschaften nicht mochte. Dafür war ich ein phantasiebegabter Tagträumer. Ich dachte mir endlose Geschichten von einem Fürsten aus, der mit Weisheit und Energie ein Inselreich regierte, von dem ich mir auch eine Karte zeichnete. Auch sah ich mich als Beschützer schöner Frauen.

Vergleichsweise früh begann ich, geistige oder, richtiger gesagt, intellektuelle Neigungen zu entwickeln. Meine Eltern besaßen das einbändige Konversationslexikon von Meyer, in dem ich, im Wohnzimmer auf dem Teppich liegend, stundenlang schmökerte. Vor allem interessierte mich Geographie und hier wiederum aus unerfindlichen Gründen vornehmlich diejenige Hollands. Bald hatte ich alle grö-

Die Schwarzhäupterbruderschaft war im Mittelalter eine Verbindung der unverheirateten jungen Kaufleute der Großen Gilde gewesen, die zugleich die städtische Kavallerie stellten. Frühzeitig errichteten sie sich ein eigenes Verbindungshaus, einen schönen Renaissancebau in der Langstraße, der noch heute ein Schmuckstück der Altstadt von Reval ist.

ßeren Städte des Landes samt Einwohnerzahl im Kopf. Dieses Interesse dehnte sich dann auch auf Niederländisch-Indien aus, das heutige Indonesien. Noch heute weiß ich, daß der Hauptort der Insel Celebes Makassar heißt.

Aber auch Geographie und Einwohnerzahlen anderer europäischer Länder und Städte waren mir geläufig, und ich verbrachte viel Zeit damit, Landkarten mit grünen Ebenen und braunen Gebirgen zu zeichnen, zum Teil reine Phantasieprodukte, zum Teil aber auch Karten wirklicher Länder, etwa Skandinaviens, das mir als ein Bernhardiner erschien, der in die Ostsee springt.

Duckershof, das Gut meines Vaters, lag im südestnischen Hügelland, etwa 200 Kilometer von Reval. Von den einst 2000 Hektar hatte die Güterenteignung vierzig übriggelassen. Das war zuwenig zum Leben und zuviel zum Sterben. So hatte mein Vater den Hof seinem ehemaligen Gärtner Tonska verpachtet, der das Land mit zwei Pferden bewirtschaftete. Auf einem davon, einem kleinen grauen Apfelschimmel, der Mikko hieß, machte ich mit fünf Jahren meine ersten Reitversuche.

Das Gutshaus selbst hatte mein Vater behalten. Dort verbrachten wir zwischen 1924 und 1928 jedes Jahr einige Sommerwochen. Der langgestreckte einstöckige Bau mit einer Veranda an der Anfahrt wirkte äußerlich anspruchslos, doch war er geräumig und wohnlich. An das Entree schlossen sich zwei hübsch möblierte Salons und dahinter das Speisezimmer an, dessen Tisch meiner Erinnerung nach etwa vierzehn bis sechzehn Personen Platz bot. Zur Parkseite hin gab es einen ziemlich großen, aber leeren Saal, flankiert von einigen Schlafzimmern, in denen, ebenso wie in den übrigen Wohnräumen, kunstvoll verzierte Kachelöfen standen.

Die Hauswirtschaft in Duckershof wurde von der alten schwerhörigen Köchin Anna geführt, deren ganze Liebe einer Herde stolzer schneeweißer Gänse gehörte. Sie hielten sich gewöhnlich in der Nähe des Hauses bei einem der zahlreichen kleinen Teiche auf, die zum Hof gehörten. Wenn Anna sie dann abends mit den Worten »hani, hani, hani!«, was im Estnischen Gans bedeutet, zur Fütterung rief, dann kamen sie laut schnatternd über den Rasenplatz der Anfahrt angeflogen.

Die Teiche waren damals voller Krebse, und Duckershof war für seine Krebsessen bekannt. Sie dauerten oft drei bis vier Stunden, und manch ein Besucher aß an die zwan-

Duckershof, das Gut meines Vaters, lag im südestnischen Hügelland, etwa 200 Kilometer von Reval. Von den einst 2000 Hektar hatte die Güterenteignung vierzig übriggelassen. Das war zuwenig zum Leben und zuviel zum Sterben. So hatte mein Vater den Hof seinem ehemaligen Gärtner Tonska verpachtet, der das Land mit zwei Pferden bewirtschaftete.

zig Krebse. Dazu wurde fleißig Wodka getrunken. Der Nachschub war reichlich. Meine Großmutter hat mir erzählt, daß im Keller während der Saison oft Hunderte lebender Krebse in Körben gehalten wurden, damit sie jederzeit serviert werden konnten, wenn unerwartet Gäste kamen. Denn nicht selten besuchten Verwandte und Freunde einander im alten Baltikum unangemeldet. Telefone gab es vor 1914 kaum, und man war ja auch immer gut bedient und reichlich versorgt, und an Fremdenzimmern mangelte es nicht.

In Duckershof machte ich übrigens auch die Bekanntschaft mit den ersten Automobilen in Privatbesitz, die damals, um 1925, noch eine große Seltenheit waren. Freunde, die zum Revaler *set* meiner Eltern gehörten, kamen zu Besuch: Mori (Moritz) von zur Mühlen, Besitzer einer gutgehenden Musikalienhandlung, mit seiner Frau Nora, und John Baron Girard de Soucanton, Inhaber einer Seilfabrik, mit seiner Frau Aileen. Mühlen fuhr ein kleines graues Ungetüm, das die Form eines Bootes hatte und durch eine Außenkette angetrieben wurde, die vom Motor zur Hinterachse führte. Das Ganze nannte sich Gradewagen, eine – wohl mit Recht – längst ausgestorbene Spezies. Girards dagegen bewegten sich in einem winzigen Austin fort, dessen spinnendürre Räder mit fahrradartigen Speichen versehen waren. Beide Vehikel machten großen Eindruck auf mich.

Mit diesen damals noch jungen, lebenslustigen Menschen verbrachten wir glückliche Tage. Bögen wurden gebastelt, Pfeile geschnitzt, und bald begann ein großes Wettschießen, das mein drei Jahre älterer Vetter Harald Girgensohn aus Riga und ich ungeheuer ernst nahmen und an dem wir uns nach Kräften beteiligten.

1928 verkaufte mein Vater das Haus an die Gemeinde,

die es bis zum heutigen Tag als Schulhaus benutzt und es im übrigen ziemlich stark umgebaut hat. Wahrscheinlich wurde der Unterhalt des doch ziemlich großen Gebäudes damals einfach zu teuer. Duckershof habe ich erst 1992 wiedergesehen – aber nicht wiedererkannt.

1926 oder 1927 erhielt mein Vater die gesetzlich vorgesehene Entschädigung für seinen enteigneten Besitz. Es war ein eher symbolischer Betrag, etwa drei Prozent des ohnehin schon niedrig angesetzten Schätzwertes. Immerhin konnte Papa sich einen Herzenswunsch davon erfüllen: Er kaufte sich ein Auto – was natürlich ein sehr großer Luxus

In Duckershof verbrachten wir viele glückliche Tage. Bogen wurden gebastelt, Pfeile geschnitzt, und bald begann ein großes Bogenschießen, das mein drei Jahre älterer Vetter Harald Girgensohn aus Riga und ich ungeheuer ernst nahmen und an dem wir uns nach Kräften beteiligten. V. l. n. r.: Ricko von Staden, John Baron Girard, der Vetter Harald, Moritz von zur Mühlen, Berndt, Helene von Voigt, Camilla von Staden.

war. Soweit ich mich entsinne, umfaßte die Autosektion des deutsch-baltischen Yachtklubs in Reval, des ESYC (Estländischer See Yacht Club), noch 1938 erst 74 Fahrzeuge – bei etwa 6500 zum erheblichen Teil der Oberschicht angehörenden deutschsprachigen Bürgern der Stadt.

Unser erstes Auto war ein kleiner Citroën-Dreisitzer, den wir den »Bock« tauften. Im hinteren Sitz, ziemlich beengt, saß natürlich ich. In diesem Vehikel trudelten wir mit stolzen 35 bis 40 km/h über die geschotterten, mit Schlaglöchern reichlich versehenen Landstraßen des damaligen Estland. Bald aber wurde der »Bock« durch einen graublauen Roadster einer amerikanischen Marke abgelöst, an die ich mich nicht mehr entsinne. Und dieser Wagen machte schließlich einem Coupé des klassischen Modells T aus dem Hause Ford Platz, ein Auto, das mir schon deshalb in lebhafter Erinnerung ist, weil wir darin 1930 mit Freunden meiner Eltern, Helmut und Harriet Schulmann, die erste wirklich große Tour machten – nach Deutschland. Auf dieser Fahrt, der Begegnung mit dem Land der Voreltern, hatten wir ein für das damalige Europa recht typisches Erlebnis. Wir waren bei glühend heißem Wetter bis Konitz gelangt, wo man den sogenannten polnischen Korridor wieder verließ, um erneut die deutsche Grenze zu passieren. Die polnische Grenzstation aber war bereits geschlossen, obgleich es kaum später als sechs Uhr abends war. So wurden wir von der polnischen Polizei in ein Hotel eingewiesen, das wir bis zum nächsten Morgen nicht verlassen durften. Die Polen waren korrekt, aber spürbar reserviert.

1932 verkaufte mein Vater das Auto, um sich ein Motorrad anzuschaffen, wahrscheinlich aus finanziellen Gründen. Papa, als reicher Erbe erzogen, wußte mit Geld nie so recht umzugehen. Doch vermutlich kam noch anderes hinzu.

Nach zehn Jahren in seiner Bank war mein Vater zum Hauptkassierer befördert worden. Gemessen an den Zeit- und Ortsbedingungen muß er danach ein ganz passables Gehalt bezogen haben. Doch die Zeitläufte sollten sich dramatisch zum Schlechteren wenden. Die Weltwirtschaftskrise erreichte auch Estland. Als wäre es gestern gewesen, steht mir ein Abend Anfang Oktober 1931 vor Augen. Mein Vater kam heim und war blaß wie ein Leintuch. Die Bank, so sagte er uns, sei bankrott. Ihr waren englische Kredite gekündigt worden, die sie nicht fristgerecht zurückzahlen konnte.

Am nächsten Morgen begann der Sturm auf die Schalter. An diesem Tage – so ist es mir jedenfalls in Erinnerung – hat die Geistesgegenwart meines Vaters die Bank gerettet. Bankoperationen spielten sich damals unter technischen Bedingungen ab, von denen man im digitalen Zeitalter keine Vorstellung mehr hat. Alles kam darauf an, die Barauszahlungen so lange durchzuhalten, bis entweder die Staatsbank zu Hilfe kam oder ein Zahlungsmoratorium erwirkt war. Die Staatsbank lehnte eine Intervention ab, ob aus nationalistischen Gründen, wie wir damals argwöhnten, oder aus wirtschaftlichen, wie von seiten der Esten behauptet wurde, sei dahingestellt. Aber auch das Moratorium ließ auf sich warten. In dieser Lage schickte mein Vater alles noch vorhandene Bargeld zur staatlichen Münzanstalt, wo es in Metallgeld umgetauscht wurde. Dadurch verlangsamten sich die Auszahlungen erheblich. Um zwölf Uhr mittags endlich erschien der Polizeipräsident von Reval, Herr Freudenberg, in der Schalterhalle und verkündete das Zahlungsmoratorium. Die Bank war gerettet. Ihr Inhaber, Klaus Scheel, gewann Zeit, in Deutschland beim Bankhaus Mendelssohn u. Co. neue Kredite zu beschaffen, und die Bank konnte ihre

Geschäfte in einem um dreißig Prozent verminderten Umfang fortsetzen.

Übrigens geriet auch die Revaler Jüdische Bank in Schwierigkeiten, die jedoch eine gänzlich andere Reaktion zur Folge hatten. Denn am Vorabend des befürchteten Sturms auf die Schalter berief der Vorstand der jüdischen Gemeinde eine Mitgliederversammlung ein und forderte die Versammelten auf, sich von der allgemeinen Panik nicht anstecken zu lassen. Im Gegenteil sollten sie alle Mittel flüssigmachen, einschließlich der Verpfändung von Wertgegenständen, und das Geld einzahlen. So geschah es, und dank der Disziplin und Opferbereitschaft der jüdischen Gemeinde war die Bank am Abend dieses Schicksalstages von den schwersten Erschütterungen verschont geblieben, was einen tiefen Eindruck auf uns machte.

Auch Scheel & Co. war gerettet, wenngleich sehr geschwächt. Möglicherweise hat mein Vater damals Gehaltseinbußen hinnehmen müssen, die ihn zwangen, sein geliebtes Auto aufzugeben.

Wie dem auch sei, der Tausch war kein glücklicher. Meine Mutter krankte an einem Leiden, das man damals als »Wanderniere« bezeichnete. Sie vertrug das Motorradfahren ganz und gar nicht. Mich aber hat mein Vater, warum auch immer, nie mitgenommen. Die gemeinsamen Ausflüge hörten auf.

Als ich dreizehn Jahre alt war, fand unser Familienleben ein abruptes Ende. Meine Mutter hatte mich über Weihnachten zu meinem Großvater nach Riga geschickt, während sie selbst die Festtage auf Kurküll (Küti), dem Gut von Onkel Georg Stackelberg, verbrachte, ihrem späteren zweiten Mann. Merkwürdigerweise habe ich mir damals keine Gedanken über dieses eigenartige Arrangement gemacht, das aber bald eine Erklärung finden sollte. Denn als die Stunde der Heimreise schlug, eröffnete mein Großvater mir, daß ich nicht zurück nach Hause, nach Reval, sondern nach Kurküll fahren solle. Meine Mutter werde mich an der Bahnstation Ass (Kiltsi) erwarten.

So geschah es, und ich werde mich dieses Tages immer erinnern. Als ich in Ass eintraf, war es schon dunkel und die Luft war schneidend kalt. Da wenig Schnee lag, erwartete meine Mutter mich in dem kurküllschen Coupé, mit Onkel Georgs Kutscher Eedi und seinen beiden Füchsen. Auf der etwa 35 Kilometer langen, mehr als zweistündigen Fahrt erklärte Mama mir dann, daß Papa sich von ihr getrennt habe und wir deshalb nicht nach Hause zurückkehren könnten. Wir würden die Wintermonate über in Kurküll bleiben und für meinen Unterricht werde Onkel Georg einen Hauslehrer anstellen.

Wie ich später erfuhr, hatte Papa auf der Rückreise von einem Aufenthalt in Deutschland eine verwitwete Baronin Crailsheim kennengelernt. Sie war die Tochter eines Herrn Zygoures, eines griechischen Großkaufmannes aus Leipzig, der mit Rauchwaren handelte und dessen Frau eine geborene König war, Tochter des damals sehr bekannten »Zucker-König«. Papa hatte eine heftige Neigung zu Frau von Crailsheim gefaßt, die ihrerseits jedoch darauf bestand, daß er sich scheiden ließ. So geschah es, und zwar im Juni 1933. Da die beiden einander auf einer Seereise begegnet waren, nannten die Estländer meines Vaters zweite Frau schlicht »das Schiff«.

Ich reagierte auf die Eröffnungen meiner Mutter zunächst kaum. Wahrscheinlich war die Wucht des Schlages einfach zu groß. Noch viele Jahre lang war ich des Glaubens, dieser Bruch mit meinem bisherigen Leben habe mich eigentlich kaum berührt. Erst viel später wurde mir klar, daß das ein Irrtum war.

Und natürlich hatte ich auch keinerlei Vorstellung davon, welche gesellschaftlichen Folgen diese Wendung der Dinge für meine arme Mutter haben würde. Eine Scheidung galt damals selbst unter den eher leichtlebigen Estländern als ein Skandalon. Dabei blieb der Makel unfehlbar an der Frau hängen, ganz gleich, wie die tatsächliche Schuld sich verteilte. Für meine Mutter, der das Gesellschaftsleben in Reval so viel bedeutet hatte, war die Scheidung ein Schicksalsschlag, der auf ihr Leben bis zur Umsiedlung 1939 einen tiefen Schatten werfen sollte. Aber von da an war ohnedies alles ganz anders.

Was mich zunächst vor allem bedrückte, war der Gedanke, nicht in die Schule zurückzukönnen. Seit drei Jahren besuchte ich die traditionsreiche Domschule zu Reval. Nun stand ich an der Schwelle zur Obertertia. Von meiner Schule und meiner Klasse Abschied nehmen zu müssen, wenn auch nur vorübergehend, war hart. Doch damit greife ich der Erzählung voraus.

Familie

Wie gesagt, entstammte mein Vater einer typischen Familie der baltischen *landed gentry*. Seit seinem Urgroßvater war das Geschlecht in Livland ansässig, ohne sich indessen besonders hervorzutun. Dagegen gehörte meine Großmutter Helene von Löwis of Menar einem der alten Geschlechter des Landes an, das seine Herkunft aus Schottland – unter dem Namen Lewis – bis zum Beginn des 15. Jahrhunderts zurückführen konnte.

Mein Großvater Alexander von Staden starb, als sein einziger Sohn noch nicht fünf Jahre alt war. So wuchs mein Vater in dem Bewußtsein heran, ein wohlhabender Erbe zu sein, umsorgt, verhätschelt und bewundert von seiner Mutter und seinen zwei Schwestern. Sein Besitz umfaßte nicht nur die Güter Duckershof (Kammeri) und Neuhof (Raanitsa) mit zusammen 2000 Hektar im livländischen Kirchspiel Kamby (Kambja) südlich von Dorpat, sondern auch das 1500 Hektar große Majorat Turow-Olstynski im damals russischen Teil von Polen bei Częstochowa (Tschenstochau) nahe der damaligen Grenze von Oberschlesien. Dieser Besitz war durch die Großmutter meines Vaters, Karoline von Möller, in die Familie gekommen. Sie war Erbin ihres kinderlosen Bruders, eines russischen Generals, der sich bei der Niederwerfung des polnischen Aufstandes von 1863 hervorgetan hatte. Angeblich war er von Alexander II. vor die Wahl gestellt worden, in Anerkennung seiner »Verdienste« mit einem hohen Orden ausgezeichnet zu werden oder eine Dotation aus dem verstaatlichten Besitz des Jesuitenordens in Polen zu erhalten. Er hatte das letztere gewählt, zumal er die Brillanten zum Orden selbst hätte bezahlen müssen.

Mein Vater machte sein Abitur cum laude und studierte dann Jura in Dorpat und später in Leipzig. Er war ein mittelgroßer schlanker Mann, brünett, mit braunen Augen und schmalen, gutgeschnittenen Zügen. Er saß vorzüglich zu Pferde und gewann Pokale beim Renn- und Springreiten, spielte fabelhaft Tennis und war ein bekannt guter Fechter. Couplets aus seiner Studienzeit zeigen ihn als umschwärmten Kavalier und beliebten Tänzer, der aber auch im Ruf stand, verwöhnt, anspruchsvoll und nicht frei von Arroganz zu sein. Geistige Interessen hatte er kaum, denn seinen Neigungen, Ansichten und Lebensgewohnheiten nach war er

Meine Großmutter Helene (4. v. l.) war eine geborene von Löwis of Menar und gehörte einem der alten Geschlechter des Landes an, das seine Herkunft in Schottland – unter dem Namen Lewis – bis zum Beginn des 15. Jahrhunderts zurückführen konnte. Sie und ihre vier Geschwister waren hochgewachsene, beeindruckende Erscheinungen.

vor allem ein Gentleman und Gesellschaftsmensch und damit ein typischer Vertreter eben jener baltischen *landed gentry*, deren englisches Vorbild Anthony Trollope in seinen Romanen mit unerreichter Meisterschaft dargestellt hat.

Während seines Studiums in Dorpat trat mein Vater, wie das für einen livländischen Edelmann Tradition war, der Korporation »Livonia« bei. Als er sein Studium dann in Leipzig fortsetzte, überraschte ihn 1914 der Beginn des Ersten Weltkrieges und er kehrte schleunigst, gerade noch rechtzeitig, in seine baltische Heimat, damals also ins russische Zarenreich zurück.

Für Deutsch-Balten seiner Generation war das eine Selbstverständlichkeit. Ihr Verhältnis zum russischen Staat war differenziert und gespalten, ihre Treue zum Kaiser aber unumstritten, von wenigen Ausnahmen abgesehen. So rückte mein Vater also ein. Da er aber keine Neigung verspürte, gegen Deutsche zu kämpfen, machte er von einem Privileg Gebrauch, das ihm als einzigem Sohn einer Witwe zustand. Er blieb in der Etappe und wurde in Dorpat in der Verwaltung der Kriegslazarette eingesetzt. Nach den Wirren der russischen Revolution, während der deutschen Besetzung des Baltikums im Jahre 1918, nahm er sein Studium kurzzeitig wieder auf. Damals lernte er meine Mutter kennen, und am 24. Juli 1918 heirateten sie. Kurz darauf begannen die deutschen Truppen das Baltikum zu räumen. Die Rote Armee drängte nach, und viele Deutsch-Balten, zumal Frauen, Kinder und ältere Menschen, verließen fluchtartig das Land, um in Deutschland Zuflucht zu suchen – vorübergehend, wie sie meinten.

Das galt auch für die Familien meiner beiden Eltern. Mein Vater trat dem »Baltenregiment« bei, einer deutschbaltischen Freiwilligentruppe, die im Verband des estnischen Heeres gegen die »Roten« kämpfte. Nach Beendigung des estnischen Freiheitskrieges im Jahr 1920 wurde der Grundbesitz meines Vaters in Estland und in Polen enteignet, und er war über Nacht ein armer Mann. Dennoch beschloß er, in der Heimat zu bleiben. Er fand die Anstellung beim Bankhaus Scheel in Reval, und 1922 kehrte auch meine Mutter mit dem inzwischen geborenen ersten Sohn dorthin zurück.

Das Leben im Elternhaus meines Vaters, im Dorpater Stadthaus, wie auch auf dem nahe gelegenen Landsitz Duckershof haben sowohl meine Mutter* als auch die jüngere Schwester meines Vaters anschaulich geschildert: Rege Geselligkeit, gute Küche, leichte Konversation, lebhaftes Interesse für das Leben und Weben Verwandter und Bekannter charakterisierten diesen Lebensstil. In seinen Erinnerungen »Mémoires ou souvenirs et anecdotes« erwähnt Louis Philippe Comte de Ségur mehrfach eine Regel des Ancien régime: »Jamais approfondir« – Niemals vertiefen. Diese Absage an Pedanterie und Rechthaberei, aber zugleich an vertiefte Geistigkeit war auch für weite Kreise des baltischen Landadels typisch. Ich bin dieser Lebensart in meiner Schulzeit auf estländischen Restgütern begegnet, nicht zuletzt aber in Schwerin, wohin die Familie meiner Großmutter 1918 gegen Ende der deutschen Besatzungszeit vor den anrückenden Bolschewiken geflohen war und wo sie dann auch blieb.

Vom Rest ihrer Habe kauften sich die Verwandten dort Häuser und versuchten mit mehr oder weniger großem Erfolg, sich eine neue Existenz aufzubauen. Vor allem aber

* Camilla von Stackelberg, Verwehte Blätter, Erinnerungen aus dem alten Baltikum, Berlin 1992.

lebten sie von der Erinnerung. Als ich sie bei meinem ersten Deutschlandbesuch im Jahr 1930 kennenlernte, waren sie in ihren Sechzigern und beeindruckten mich tief: hochgewachsene, schlanke, ja schöne Menschen. Hier durfte man wirklich von aristokratischen Gestalten sprechen.

Unvergeßlich ist mir vor allem meine Großmutter. Wie erwähnt, hatte sie ihren ersten Mann früh verloren. Als

Mein Vater war ein eleganter Mann und ein Gentleman comme il faut. *Couplets aus seiner Studienzeit zeigen ihn als einen umschwärmten Kavalier und beliebten Tänzer, der aber auch im Ruf stand, verwöhnt und anspruchsvoll und nicht frei von Arroganz zu sein.*

Witwe in einem Alter von 26 Jahren blieb sie mit drei kleinen Kindern zurück. Drei Jahre später heiratete sie dann den 25 Jahre älteren Baron Michael Stackelberg, einen ehemaligen russischen Offizier und Weltmann, der den guten Seiten des Lebens zugetan war und 1920 in Schwerin starb. Seither lebte meine Großmutter allein in einer Dreizimmerwohnung eines Mietshauses, in der Jahnstraße 6, das mein Vater 1918 von seinem letzten Geld gekauft hatte. Es hatte sechs Wohnungen, fünf davon waren vermietet, davon bestritt meine Großmutter ihren Lebensunterhalt. Das Haus gehört jetzt meinem ältesten Sohn.

Auch noch in ihrem Alter war meine Großmutter eine beeindruckende Erscheinung, von großer und schlanker Gestalt, mit schneeweißen, sorgsam frisierten Haaren und schönen, unendlich gütigen Zügen. Sie litt an einem schweren Hüftleiden und bewegte sich nur sehr mühsam an zwei Stöcken fort. Doch versorgte sie mit unbeugsamer Willenskraft ihren eigenen Haushalt und zwang sich täglich zu einem zweistündigen Spaziergang. Wann immer ich in Schwerin war, mußte ich sie dabei begleiten, was eine rechte Qual für mich war. Denn wir kamen nicht nur sehr langsam voran, sondern wurden auch unzählige Male aufgehalten. Jedermann kannte, respektierte und mochte die »Frau Baron«, und so folgte unterwegs ein Schwätzchen dem anderen.

Vor allem aber war meine Großmutter eine Frau von einer Herzensgüte, wie ich sie danach nie wieder gefunden habe. Sie liebte alle ihre drei Kinder und acht Enkel von Herzen. Nichts war ihr lieber, als sie reichlich zu beschenken, wenn sie zu den Sommerferien nach Estland kam. Doch mein Vater, ihr einziger Sohn, war ihr Stolz und Augapfel, und das übertrug sich auch auf mich, den einzigen

»Namensträger« unter den Enkeln. Natürlich fand diese Bevorzugung bei den Töchtern und deren Kindern wenig Beifall.

In ihrer großen Güte aber fiel es meiner Großmutter überaus schwer, anderen Menschen unangenehme Dinge

Auch noch in ihrem Alter war meine Großmutter eine beeindruckende Erscheinung, von großer und schlanker Gestalt, mit schneeweißen, sorgsam frisierten Haaren und schönen, unendlich gütigen Zügen. Sie litt an einem schweren Hüftleiden und bewegte sich nur sehr mühsam an zwei Stöcken fort. Doch versorgte sie mit unbeugsamer Willenskraft ihren eigenen Haushalt und zwang sich täglich zu einem zweistündigen Spaziergang.

ins Gesicht zu sagen. Sie suchte dann Ausflüchte und nahm es zur Not auch nicht allzu genau mit den Einzelheiten. Und doch war sie ein durch und durch aufrichtiger Mensch – und für mich natürlich eine unvergleichliche Großmutter. Mit unendlicher Geduld las sie uns Enkeln aus Kinderbüchern vor, von »Winnetou« bis »Der letzte Mohikaner«. Deutlich ist mir noch Hector Malots »Heimatlos« (Sans famille) in Erinnerung, die rührselige Geschichte eines Waisenknaben. Meine Großmutter, nahe am Wasser gebaut, konnte vor Schluchzen nicht weiterlesen, derweil ich, sechs oder sieben Jahre alt, mich auf dem Teppich vor Lachen kringelte.

Omama ging immer in Schwarz oder Dunkelgrau und trug natürlich ganz lange Röcke. Sie folgte noch der schönen Sitte, daß alte Damen Bänder um den Hals tragen. Die Sommerferien verbrachte sie zumeist in Estland, am liebsten auf dem Lande bei ihrer Tochter Helen, deren Mann und ihren sechs Kindern. Die Dackel meiner Tante, Schuft und Rowdy, suchten dann in der Sommerhitze gern unter ihrem weiten Rock Schatten. Kam ein Fremder, dann schossen sie laut kläffend aus ihrem Versteck hervor, was meine arme Großmutter unfehlbar in Verlegenheit setzte.

Zu der Schweriner »Verwandtschaft« gehörten außer meiner Großmutter vor allem ihre Geschwister. Da waren die beiden Brüder, Harley und Edgar von Löwis of Menar mit ihren Frauen Alice, geborene von Zoeckell, und Beate, geborene von Blanckenhagen. Ferner lebte dort Beates Bruder, Otto von Blanckenhagen, ehemals livländischer Landrat, der wiederum mit einer Schwester meiner Großmutter, mit Else, geborene von Löwis of Menar, verheiratet war. Aus dieser Ehe übrigens ist der bekannte amerikanische Archäologe Peter Heinrich von Blanckenhagen hervorgegangen.

Auch die Witwe eines frühverstorbenen Bruders meiner Großmutter, Elisabeth geborene von Blanckenhagen, eine Schwester von Onkel Otto und Tante Beate, lebte in Schwerin, sowie ein Vetter, der ehemalige estländische Landrat Hermann von Löwis of Menar-Sackhof mit seiner Frau Alma, einer geborenen Baronesse Dellingshausen. Zur engsten Familie meiner Großmutter aber gehörten natürlich ihre älteste Tochter Nora und deren Mann Erich Baron Maydell.

Dieser Kreis pflegte sich in wechselnder Besetzung zum Tee im kleinen Salon in der Jahnstraße 6 einzufinden. Meine Großmutter war schon deshalb der Mittelpunkt, weil sie aufgrund ihres Leidens nicht sehr weit gehen konnte. So traf man sich bei ihr, genoß das Zusammensein und sprach von der Vergangenheit, von dem, was in der Familie so vor sich ging, von Verwandten und Bekannten, die in der alten Heimat geblieben waren – und natürlich von den schlechten Zeiten, denn 1930 hatte die große Krise ja schon begonnen. Die Onkel Erich und Harley waren arbeitslos, Otto Blanckenhagen hatte seine heimatliche Likörfabrik »Allasch« in Schwerin wiedereröffnet, während es von dem geschäftstüchtigen Onkel Edgar hieß, er spekuliere an der Börse.

Wenn man sich von diesem Kreis heute ein Bild machen will, findet man es am getreuesten in Galsworthys »Forsyte Saga«. Ganz ähnlich, wie Galsworthy die »Familienbörse« beim Onkel Timothy schildert, darf man sich auch die Zusammenkünfte in Schwerin vorstellen.

Ich habe diese Verwandten geliebt und bewundert. Ihr Äußeres, aber auch ihre kultivierte Art, miteinander umzugehen, beeindruckten mich tief. Bemerkenswerte geistige Interessen aber habe ich an ihnen nicht festgestellt. Man war streng konservativ, und der Verlust des Besitzes schmerzte sehr. Den neuen Republiken, in leicht verächtlichem Ton »Eesti« und »Latvia« – eben nicht Estland und Lettland – genannt, begegnete man mit tiefer Abneigung. Doch die Liebe zur Heimat blieb, und so zog es viele Menschen wie meine Großmutter oder Onkel Edgar sowie den Sackhofschen Landrat allsommerlich zurück ins verlorene Paradies, zu den noch vorhandenen Restgütern, auf denen Kinder und Schwiegerkinder sich mühselig durchschlugen.

Um die damalige Atmosphäre in diesem Kreis richtig zu verstehen, muß man sich dessen bewußt sein, daß der Verlust des angestammten Besitzes zur Zeit meines ersten Besuches in Schwerin im Jahr 1930 erst zwölf Jahre zurücklag. Davon aber hatte ich, der 1919 Geborene, natürlich keine Ahnung, und so machte ich in aller Unschuld ungeniert von der Gnade der späten Geburt Gebrauch. Das Unglück wollte, daß ich vor meinem ersten Besuch gerade das Kinderbuch einer baltischen Autorin namens Girgensohn gelesen hatte, »Ilo Kaupos Sohn und Hans von Tiesenhausen«. Darin wird beschrieben, wie der deutsche Schwertbrüderorden und seine Vasallen Altlivland erobern, wobei die Autorin keinen Hehl aus ihrer Sympathie für die Liven macht, einen heute nahezu ausgestorbenen Stamm, der den Esten verwandt ist. Erfüllt von dem solcherart Gelernten eröffnete ich der verblüfften Familienrunde, als sie wieder einmal der guten alten Zeit gedachte, daß die Güterenteignung doch eigentlich nur ein Akt ausgleichender Gerechtigkeit gewesen sei. Schließlich hätten ja unsere eigenen Vorfahren den Esten und Letten das Land weggenommen.

Solch ein Diktum des Elfjährigen muß blankes Entsetzen ausgelöst haben. Es spricht aber für die Noblesse meiner Verwandten, daß sie den naseweisen Großneffen zwar eines

Besseren zu belehren versuchten, ihm jedoch weiterhin unverändert freundlich begegneten. Meiner armen Mutter aber wurde kräftig der Kopf gewaschen, als sie einige Wochen später kam, um mich abzuholen. Ihre Erziehung, so befand man, habe das Ziel verfehlt.

Ein Nachspiel sollte der Vorfall dennoch haben. In der Deutschen Grundschule in Reval, die ich damals gerade beendet hatte, unterrichtete eine Lehrerin, die wir besonders liebten, die »Tante« Elly Girgensohn. Als ich während der Herbstferien bei meinen Verwandten Harpe auf dem Lande

Onkel Ricko verwaltete das Stiftsgut Finn (Vinni), sechs Kilometer südlich der wierländischen Kreisstadt Wesenberg (Rakvere), in dem bis 1914 ein adliges Mädchenpensionat, nach 1920 dann eine Haushaltsschule untergebracht war. Als Stiftung war Finn von der Güterenteignung ausgenommen worden. Der Betrieb umfaßte 1200 Hektar und verfügte über 24 Gespanne, drei Traktoren und mehr als 100 Stück Vieh.

war, erschien dortselbst ein Freund meines Vaters, der bereits erwähnte Moritz von zur Mühlen, um mich peinlich zu vernehmen: ob es zutreffe, daß meine Lehrerin gesagt habe, die Güterenteignung sei zu Recht erfolgt? Ich war verdattert und in Tränen. Doch gelang es Gott sei Dank, das Mißverständnis aufzuklären, und meine unschuldige Tante Elly blieb ungeschoren. Mit Güterenteignungen war schon damals nicht zu spaßen .

Von Papas engerer Familie lebte nur seine 1891 geborene jüngere Schwester Helen noch in der alten Heimat. Sie war mit Richard von Harpe-Alp aus dem Hause Engdes verheiratet. Das Paar hatte sechs Kinder, deren jüngstes, Manja, genau ein halbes Jahr älter war als ich. Bei ihnen verbrachte ich zwischen 1924 und 1929 die meiste Zeit der großen Ferien. Es waren die glücklichsten Monate meiner Kindheit.

Onkel Ricko verwaltete das Stiftsgut Finn (Vinni) sechs Kilometer südlich der wierländischen Kreisstadt Wesenberg (Rakvere), in dem bis 1914 ein adliges Mädchenpensionat, nach 1920 dann eine Haushaltsschule untergebracht war. Als Stiftung war Finn von der Güterenteignung ausgenommen worden. Der Betrieb umfaßte 1200 Hektar und verfügte über 24 Gespanne, drei Traktoren und mehr als 100 Stück Vieh. All dies unterstand meinem Onkel, der zwar ein vorzüglicher Ackerwirt war, dem jedoch leider das Geschäftliche und Administrative weniger lag, weshalb er 1929 abgelöst wurde.

Als ich Onkel Ricko das erste Mal sah, muß er etwa vierzig Jahre alt gewesen sein, ein mittelgroßer, athletisch gebauter Mann von herkulischen Körperkräften. Sein Haupt über dem breiten ausdrucksvollen Gesicht war schon nahezu kahl. Von größter Integrität, strengen Grundsätzen und ausgeprägtem Gerechtigkeitssinn neigte er zugleich zu

Mißtrauen, moralischem Rigorismus und auch zum Jähzorn. Wer auf ihn setzte, baute auf festem Grund, doch war der Umgang mit ihm nicht immer einfach.

Ganz anders meine Tante Helen, die 1924 Anfang Dreißig war. Ähnlich wie ihre Mutter, von der sie sich sonst

Tante Helen von Harpe, geborene von Staden. In meiner Erinnerung lebt sie vor allem als eine liebevolle, aber unsentimentale Tante fort, voller Schwung und Phantasie, voll Poesie und Sinn für Schönheit. Ohne eine Intellektuelle im eigentlichen Sinn des Wortes zu sein, sprühte sie doch von Geist und war als amüsante, ja glänzende Gesellschafterin und Gastgeberin schon als junges Mädchen von den Dorpater Studenten umschwärmt gewesen. Als junge Frau erfreute sie sich ihrer gesellschaftlichen Talente wegen größter Beliebtheit bei der Herrenwelt.

stark unterschied, war auch sie in Kleinigkeiten nicht allzu pingelig. Doch in meiner Erinnerung lebt sie vor allem als eine liebevolle, aber unsentimentale Frau fort, voller Schwung und Phantasie, voll Poesie und Sinn für Schönheit. Ohne eine Intellektuelle im eigentlichen Sinn des Wortes zu sein, sprühte sie doch von Geist und war als amüsante, ja glänzende Gesellschafterin und Gastgeberin schon als junges Mädchen von den Dorpater Studenten umschwärmt gewesen. Als junge Frau erfreute sie sich ihrer gesellschaftlichen Talente wegen größter Beliebtheit bei der Herrenwelt. Man konnte sie zwar keine wirkliche Schönheit nennen, denn sie hatte von ihrem Vater die runden Züge geerbt und war, vielleicht als eine Folge ihrer sechs Geburten, eher vollschlank. Doch ihr hoher Wuchs, ihre lebhaften, anmutigen Bewegungen und ihre ausdrucksvollen Züge machten sie zu einer höchst anziehenden Erscheinung. Sie beherrschte gleichsam jeden Raum, den sie betrat.

Meine größte Zuneigung aber galt den Vettern und Cousinen: Nora, Frank, René, Gisela, Richard und Manja, die mich wie ihren kleinen Bruder behandelten. Mitunter hänselten sie mich, bis ich weinend zur Tante lief, um zu petzen. Doch am Ende waren sie immer liebevoll und kameradschaftlich zu mir und erzogen das introvertierte Einzelkind unmerklich zum Leben in der Gemeinschaft. Vor allem aber war ich nie allein.

Mir stehen aus diesen glücklichen Zeiten nur noch einzelne Bilder vor Augen. Ich sehe meine Tante im Damensitz elegant zu Pferde. Oder meinen Onkel, den alten russischen Kavallerieoffizier und brillanten Reiter, der mich zu sich auf den Sattel emporhebt. Und ich sehe den Kutscher in weißer Sommerlivree den großen Leiterwagen vorfahren, mit zwei Pferden bespannt und bepackt mit Vorräten für Wochen, um die Familie zum vierzig Kilometer entfernten Strand nach Wainopäh (Vainupea) zu fahren. Zuweilen fanden Jagddiners statt, bei denen an die zwanzig Personen an der Tafel gewesen sein mögen und junge Damen aus der Nachbarschaft den Charleston vorführten, der damals in Mode kam. Nicht zuletzt erinnere ich mich zahlloser Nachmittage und Abende, bei denen Tante Helens Freunde sich in ihrem urgemütlichen Boudoir auf Divanen um das Kaminfeuer lagerten und bei Kaffee und Likör stundenlang über Gott und die Welt und den lieben Nächsten plauderten.

Abgesehen von meiner Cousine Manja, die ja fast gleichaltrig mit mir war, stand mir mein Vetter Richard be-

Meine größte Zuneigung galt den Vettern und Cousinen: Nora, Frank, René, Gisela, Richard und Manja, die mich wie ihren kleinen Bruder behandelten. Mitunter hänselten sie mich, bis ich heulend zur Tante lief, um zu petzen. Doch am Ende waren sie immer freundschaftlich, ja liebevoll zu mir und erzogen das introvertierte Einzelkind unmerklich zum Leben in der Gemeinschaft.

sonders nahe. Er war der erklärte Liebling seiner Mutter, ein strahlender Junge, der ein strahlender junger Mann werden sollte, hochgewachsen, blond, ausnehmend hübsch, ein *homme à femmes*. 1936 ging er nach Deutschland, um Marineoffizier zu werden, der Traum seines Lebens. Am Ende des Krieges ist er als U-Boot-Kommandant gefallen – als er mit seinem Boot auf eine eigene Mine lief.

Sehr geliebt habe ich auch meinen ältesten Vetter Frank. Bei einem Altersabstand von fast acht Jahren war er natürlich kein Spielgefährte für mich, aber als ältester Sohn war er eine Respektsperson, und anders als der nächstgeborene René, der mich gelegentlich plagte, gewährte Frank dem kleinen Vetter, wenn nötig, Schutz. Von mittelgroßer

Der Vetter Richard von Harpe: Der erklärte Liebling seiner Mutter, ein strahlender junger Mann, hochgewachsen, ausnehmend hübsch, ein homme á femmes. *Es war sein Lebenswunsch, Marineoffizier zu werden. Er fiel in den letzten Kriegstagen, als sein U-Boot auf eine Mine fuhr.*

Statur, besaß er ebenmäßige, eher weiche Züge, war aber bärenstark und von einem ausgeglichenen und freundlichen Wesen. Mit 62 Jahren ist er leider viel zu früh gestorben, während René wie sein Bruder Richard dem sinnlosen Verbrechen des Zweiten Weltkriegs zum Opfer fiel.

Zu den Grundsätzen von Onkel Ricko gehörte es, daß Kinder arbeiten sollten, dafür aber auch bezahlt werden mußten. Das begann mit dem verhaßten Jäten im riesigen, sonnendurchglühten Gemüsegarten und endete bei Zulangerdiensten an der von einer Dampflokomobile angetriebenen Getreidedreschmaschine. Die Stundenlöhne waren knapp bemessen, zehn Sent, was etwa acht Pfennig entsprach. Doch der Stolz auf die ersten vom selbstverdienten Geld gekauften Fahrräder war unermeßlich. Sie gehörten den Marken Brennabor, Naumann-Germania und Husqvarna an und wurden mit unendlicher Hingabe gewienert und geölt.

Dieses Paradies fand 1929 sein Ende. Onkel Ricko machte Verluste, die von der Stiftung nicht getragen werden konnten. So entschlossen sich die Kuratoren – blutenden Herzens, denn sie waren mit den Harpes befreundet –, ihn durch Otto von Wetter-Rosenthal zu ersetzen. Damit aber begann für die Familie ein überaus schmerzlicher wirtschaftlicher Abstieg.

Zunächst zog sie auf das Gut Jewe, ein Restgut, das Onkel Ricko von einem Baron Girard de Soucanton pachtete. In dem kleinen, sehr schlichten Haus, das Harpes dort bewohnten, habe ich sie noch mehrmals besucht, obwohl ich meine Ferien damals schon in Kurküll bei Onkel Georg Stackelberg zu verleben pflegte. Doch war Jewe nur eine Durchgangsstation. 1933 oder 1934 pachtete Onkel Ricko vom Grafen Stackelberg-Isenhof dessen Restgut Alt-Isenhof

(Püssi). Hier vegetierte die Familie im Winter in einem wirklich primitiven Bau. Nur im Sommer bewohnte man eine weitläufige, holzgebaute Sommervilla, Monchâlet in Neu-Isenhof (Purtse) an der Küste, auf dem Steilufer herrlich gelegen. Hier nahm Tante Helen, um das kärgliche Einkommen aufzubessern, auch »paying guests« auf. Wo immer sie hinkam, ihr unvergleichliches Talent, eine wundervolle

Als ich Onkel Ricko das erste Mal sah, muß er etwa vierzig Jahre alt gewesen sein, ein mittelgroßer, athletisch gebauter Mann von herkulischen Körperkräften. Von größter Integrität, strengen Grundsätzen und ausgeprägtem Gerechtigkeitssinn neigte er zugleich zu Mißtrauen, moralischem Rigorismus und auch zum Jähzorn. Wer auf ihn setzte, baute auf festem Grund, doch war der Umgang mit ihm nicht immer einfach.

Atmosphäre der Gastlichkeit zu schaffen, ließ sie niemals im Stich.

Meine Mutter kam aus einem ganz anderen Milieu als mein Vater. Ihr Vater, der Notar Robert von Voigt, entstammte einer ursprünglich in Kurland, dann in Livland ansässigen Familie von Beamten und Juristen, unter denen auch Offiziere und Gutsbesitzer waren. Im Jahre 1832 hatte der Großvater meines Großvaters den russischen Dienstadel erhalten. Seitdem führte seine Familie den Namen von Voigt, und ihre Angehörigen heirateten oft Söhne und Töchter der kur- und livländischen *landed gentry*. Doch ist die Familie weder in die Matrikel der kurländischen noch der livländischen Ritterschaft aufgenommen worden.

Den Geist von Mamas Elternhaus aber hatte ihre Mutter bestimmt, Eleonore geborene Girgensohn. Ihr Urgroßvater war übrigens der seinerzeit berühmte Gründungsrektor der Universität Dorpat und ein Freund Alexanders I. von Rußland, Georg Friedrich Parrot aus Monbéliard.

Die Girgensohns, typische livländische Literaten, wählten zumeist den Beruf des Pfarrers oder Arztes. Es waren ernste, geistig interessierte, in der Regel sogar hochgebildete Menschen, nicht eigentlich Künstlernaturen, aber sehr musikalisch, nicht selten hervorragende Klavierspieler. Sittenstreng und grundsatztreu, wie sie waren, neigten sie auch zu Schwerblütigkeit.

Meine Großmutter mütterlicherseits machte da keine Ausnahme. Ich selbst habe sie kaum mehr gekannt, denn sie starb, als ich das achte Lebensjahr noch nicht erreicht hatte. Doch entsinne ich mich noch genau ihrer zwar nicht schönen, aber charaktervollen Züge. Sie muß ihren sechs Kindern eine großartige Mutter gewesen sein, nicht nur um das leibliche Wohl der Ihren bemüht, sondern auch um das geistige und moralische. Ihre strengen Grundsätze haben auch meine Mutter nachhaltig beeinflußt, obwohl diese dem Wesen nach sehr viel mehr die Tochter ihres Vaters war. In ihren Erinnerungen schildert sie ihn als einen gutaussehenden und weltmännischen Mann, »mit viel Sinn für das gute Leben, manchmal auch etwas leichtsinnig, immer warmherzig«.

So wie ich meinen Großvater bis zu seinem Tod im Jahr 1934 – ich war fast fünfzehn – erlebt habe, traf diese Beschreibung in hohem Maße auf ihn zu. Nur hatte er in meinen Augen nichts Leichtsinniges. Im Gegenteil, als hochgeachteter und beruflich sehr erfolgreicher Notar und Inhaber zahlreicher Ehrenämter muß er nicht nur den Ruf eines guten Juristen gehabt, sondern auch als ein Muster von Verläßlichkeit und Ehrenhaftigkeit gegolten haben. Sein ganzer Stolz war das vom Großvater ererbte Rittergut Peddeln. Das hinderte ihn aber nicht, den Besitz zu verkaufen, um eine Ehrenschuld zu tilgen, die der Bruder seiner Mutter eingegangen war.

Auch als Großvater war er ein reizender Mann. Um die Weihnachtszeit besuchte meine Mutter ihn des öfteren in Riga und nahm mich dann mit. Die ersten Male fanden diese Besuche noch zu Lebzeiten meiner Großmutter statt. Erst als mein Großvater 1930 dann seine zweite Frau, die 35 Jahre jüngere Ina von Villon heiratete, wurden die Besuche seltener.

Schon die Reise nach Riga war ein Abenteuer, auf das ich mich freute. Die Bahnstrecke von Reval nach Riga über Taps (Tapa), Dorpat und die Grenzstation Walk (Valga) war 450 Kilometer lang, und die Reise durch die Nacht dauerte etwa zehn Stunden. Wir pflegten dazu ein Abteil im Schlafwagen der Compagnie Internationale des Wagons-Lits zu nehmen. Doch wurde der Schlummer in Walk unterbrochen, wo der Zug längere Zeit hielt, um die lettischen Grenzer zu einer recht genauen Paß- und Zollkontrolle aufzunehmen. Sie trugen eine andere Uniform als ihre estnischen Kollegen, mit sonderbar geformten Hüten, die ein wenig an die polnische »Ulanka« erinnerten.

In Riga ging es dann im Taxi zur »Vorburg«, einem Komplex von Mietshäusern, in dem die sehr geräumige Wohnung meines Großvaters gelegen war. Sein Haushalt hatte einen ausgesprochen großbürgerlichen Zuschnitt: Das Wohnzimmer, in dem ein Flügel stand, besaß meiner Erin-

Der Großvater Robert von Voigt. Als hochgeachteter und beruflich sehr erfolgreicher Notar und Inhaber zahlreicher Ehrenämter galt er als ein Muster der Verläßlichkeit und Ehrenhaftigkeit und verstand es zudem, wunderbar mit Kindern umzugehen.

nerung nach eher die Größe eines Saales, und an der Tafel im Speisezimmer fanden mühelos zwölf bis vierzehn Personen Platz. Zum Haushalt gehörte ein altes lettisches Faktotum, Trining genannt, die ein Kopftuch trug. Es war *de rigeur*, zuerst in die Küche zu gehen, um die von Großvaters Töchtern geliebte Trining auf lettisch zu begrüßen. »Lab dien« hieß das, wenn ich mich recht entsinne.

Mein Großvater selbst war ein hochgewachsener, schwerer Mann, damals schon weißhaarig und mit weißem Schnurrbart, dessen schöner Charakterkopf mit der großen gebogenen Nase und schweren Augenlidern mir deutlich vor Augen steht. Er verstand es wundervoll, mit Kindern umzugehen. Ich erinnere mich nicht, daß er mit mir gespielt hätte, doch nahm er mich in seiner überaus freundlichen Art ernst und wurde nie ungeduldig, wenn ich ihn in seinem Arbeitszimmer besuchte, wo er an einem großen Schreibtisch an seinen Akten arbeitete. Er liebte, was er mit einem russischen Ausdruck »chitrosti« nannte, also Schlauheiten. Das waren allerlei pfiffige Geräte wie spezielle Korkenzieher, mit denen man besonders schnell Korken ziehen konnte, Nußknacker, die das Knacken von Nüssen auf eine besondere Weise erleichterten, und allerhand Handwerkszeug, mit dem er geschickt umzugehen wußte. Er hatte auch Sinn für kleine Zaubertricks. Es gab in Riga ein Geschäft, eine Bude, wie wir sagten, wo man japanische Blumen aus Papier kaufen konnte, die sich, in Wasser gelegt, zu bunten Blüten entfalteten. Oder kleine Ballons an dünnen Schläuchen, die man am Eßtisch unter die Teller legen konnte, um diese zum Tanzen zu bringen. Auch gab es da dunkelrote Folien, die einem Rotweinfleck täuschend ähnlich sahen, wenn man sie auf dem Tisch neben die Rotweinflasche legte. Solche Scherze ertrug Großvater mit viel Humor, und er verstand es vorzüglich, so zu tun, als wäre die Täuschung gelungen.

Eingehend pflegte er sich danach zu erkundigen, was man sich zu Weihnachten wünschte. Das gab dann lange Unterhaltungen, und ein Wunschzettel mußte erstellt werden, den Großvater mit großem Ernst studierte. Wenn unsere Lieblingswünsche an die Reihe kamen, erklärte er in der Regel ausgerechnet diese für unerfüllbar. Tatsächlich aber war das dann am Ende das Geschenk, das man wirklich bekam.

Mein Großvater war den Genüssen des Lebens zugetan,

Ein berühmter Vorfahre mütterlicherseits: Georg Friedrich Parrot aus Monbéliard, Freund Alexanders I. von Rußland und Gründungsvater der Universität in Dorpat bei ihrer Wiedergründung im Jahre 1802, deren Rektor er bis 1818 war.

liebte edle Weine und eine gute Küche. Auch legte er Wert auf eine gepflegte Geselligkeit an einem reich gedeckten Tisch. Beim Lesen der »Buddenbrooks« habe ich mich an seine Tafel erinnert gefühlt, wenn er Verwandte und Freunde bewirtete. Daran, daß er besondere geistige oder künstlerische Interessen gehabt hätte, kann ich mich nicht erinnern, doch fehlte ihm bei aller Lebensart die gefällige Leichtigkeit, der ich in estländischen Gutshäusern begegnen sollte.

Von seinen fünf Töchtern stand meine Mutter ihm am nächsten. Jedenfalls war sie ihm am ähnlichsten und galt unter den Schwestern als das »Weltkind«. Die anderen – Tante Ellen, deren Mann der Oberpastor und spätere Professor Herbert Girgensohn war, Tante Lilli, die mit Burchard von Ulrichen verheiratet war, Tante Gabi, die sich dem Rheinländer Professor Heinrich Hempel verbunden hatte, und die jüngste, Tante Helene, die unverheiratet blieb – schlugen wohl mehr nach ihrer Mutter.

Der ausgeprägte Humor meines Großvaters war subtiler Art. Er »riß keine Witze«, sondern hatte Freude an hintersinniger Komik und Originalität. Als Südlivländer verstand und sprach er Lettisch, doch beherrschte er auch einige estnische Ausdrücke, deren klangliche Besonderheit ihm endloses Vergnügen bereitete. So heißt im Estnischen die Sache »asi«, Genitiv »asja«, der Betreiber heißt »ajaja«. Folglich heißt der Sachwalter oder Geschäftsführer »asja-ajaja«. Der Genitiv von Bart ist im Estnischen »habeme«. Der Bartscherer heißt somit »habeme-ajaja«, was logisch ist, weil er ja den Bart (ver)treibt. Auch die klangvolle Aufschrift der Plakate in den Nichtraucherabteilen der estnischen Eisenbahn belustigte Großvater: dort hieß es »pálutakse mitte súitsetada« – es wird gebeten, nicht zu rauchen.

Zu den Freuden im großväterlichen Haus gehörten die Jugendbücher meines frühverstorbenen Onkels Robert. Ich war schon mit neun oder zehn Jahren eine ziemliche Leseratte. Besonders erinnere ich mich an zwei dieser Bücher. Das eine hieß »Deutsche Treue, welsche Tücke« und handelte vom Deutsch-Französischen Krieg 1870/71. Auf dem Einband sah man einen deutschen Dragoner mit einem französischen Kürassier fechten, wobei sich natürlich schon deutlich abzeichnete, wer obsiegen würde. Der Titel des anderen Buches lautete »Pieter Marits« und stellte den Heldenkampf der Buren gegen das »perfide Albion« dar. Solche Eindrücke, die in jenen Jahren – lange vor 1933 – keineswegs

Zum Haushalt meines Großvaters gehörte ein altes lettisches Faktotum, »Trining«. Bei der Ankunft verstand es sich von selbst, zuerst in die Küche zu gehen und sie auf lettisch zu begrüßen.

vereinzelt blieben, verfehlten ihre Wirkung nicht. Ich erinnere mich, daß ich einmal während einer Erkältung, derentwegen ich im Bett bleiben mußte, sehr betrübt war. Auf die Frage meiner Mutter, was mir fehle, erwiderte ich, mir täten die vielen anderen Völker so leid, die uns tüchtigen Deutschen doch alle unterlegen seien.

Große Freude bereitete mir die Puppenküche meiner Tanten, mit der ich zu Lebzeiten meiner Großmutter leidenschaftlich gern spielte. Das mag wundernehmen, ist aber vielleicht gar nicht so ungewöhnlich, denn schließlich sind ja auch die »Chefs« der meisten großen Restaurants Männer.

Ja, die Tanten! Drei von ihnen lebten in Riga, die vierte, Tante Gabi Hempel, in Bonn. Da war zunächst Mamas älteste Schwester Ellen Girgensohn. Sie war die einzige unter den fünf Schwestern, die nie an Depressionen gelitten hat, was wohl daran gelegen haben mag, daß sie schlicht und einfach keine Zeit dazu fand. Sie hatte acht Kinder – meinen fast drei Jahre älteren Vetter Harald und sieben Cousinen – deren ältestes, Anna, sechseinhalb Jahre nach dem Bruder geboren war. Wo hat man da Zeit für Depressionen?

Tante Ellen ist mir als eine hübsche und kluge, immer freundliche und zuweilen ein wenig überarbeitet wirkende Frau in Erinnerung. Sie hatte Charme und regierte ihre große Familie leise und mit sanfter Festigkeit. Ihr Mann aber, der Oberpastor Herbert Girgensohn, der nach 1945 als der geistige Hirte seiner entwurzelten deutsch-baltischen Landsleute eine große Rolle spielen sollte, war eine ehrfurchtgebietende Erscheinung. Dabei war dieser hochgewachsene, ernste Mann mit dem breiten Kopf und seinen zugleich durchgeistigten und fast bäuerlichen Gesichtszügen wie viele seiner Sippe im persönlichen Umgang gehemmt und das Gegenteil eines Gesellschaftsmenschen.

Meine Mutter, das »Weltkind«, erzählte gern, wie sie einmal, aus Reval angereist, unangemeldet zu den Geschwistern kam. Der Schwager öffnete ihr die Tür und stutzte. »Ach Camilla«, sagte er schließlich, »du bist es!« Und fragte sofort: »Wann fährst du wieder?« Darin drückte sich nichts Unfreundliches aus, nur eben eine gewisse Verlegenheit angesichts einer unverhofften Begegnung.

Herbert Girgensohn, der Oberpastor an der St. Petri Kirche in Riga und spätere Professor der Theologie bei Bielefeld, war eine ehrfurchtgebietende Erscheinung. Nach 1945 sollte er als der geistige Hirte seiner entwurzelten deutschbaltischen Landsleute eine große Rolle spielen. Dabei war dieser hochgewachsene, ernste Mann mit dem breiten Kopf und seinen zugleich durchgeistigten und fast bäuerlichen Gesichtszügen wie viele seiner Sippe im persönlichen Umgang gehemmt und das Gegenteil eines Gesellschaftsmenschen.

Onkel Herbert war gewiß ein guter und liebevoller Vater. Doch mit Kindern wußte er nicht viel anzufangen. Anders als mein Großvater sprach er kaum mit mir und blieb immer eine etwas ferne Gestalt, wenn er auch nicht furchteinflößend war. Es hieß, daß er gelegentlich jähzornig sein konnte, doch habe ich das nie erlebt.

Wie die meisten seiner Familie war Onkel Herbert sehr musikalisch und spielte gut Klavier. Eines Tages begleitete ich ihn zu seinem Onkel Hans auf das Doktorat Loddiger. Der Onkel war Landarzt und besaß dazu noch eine Hofstelle mit einem gemütlichen Wohnhaus und einer kleinen Landwirtschaft. Als wir bei dem alten Junggesellen eintrafen, blickten die beiden Herren sich einen Augenblick wortlos an. Dann gingen sie wie auf Kommando miteinander zum Flügel, setzten sich und spielten vierhändig die »Traumeswirren« aus op. 12 von Schumann. Erst viele Jahre später wurde mir bewußt, daß das Tempo, in dem die beiden Herren das Stück spielten, mindestens um zwei Drittel unter dem Zeitmaß lag, das der Komponist vorgeschrieben hat. Doch Onkel Hans war schließlich schon achtzig. Mir jedenfalls haben die »Traumeswirren« nie wieder so gut gefallen wie an jenem Tage. Überhaupt wurde Schumann für mich damals zum Inbegriff jener bürgerlichen Kultur, die sich bei uns in einem gleichsam vorwilhelminischen Zustand erhalten hatte – was ich natürlich erst viel später begreifen sollte.

Meine ganze Zuneigung gehörte meinem Vetter Harald, den ich geradezu anhimmelte. Er war ein für sein Alter hochgeschossener Junge, hoch begabt, von wahrhaft sonnigem Gemüt und unwiderstehlichem Charme. Sein Hobby waren elektrische Basteleien, bei denen er große Kunstfertigkeiten entwickelte. So hatte er seine Zimmertür mit

Meine größte Zuneigung gehörte meinem Vetter Harald, den ich geradezu anhimmelte. Er war ein für sein Alter hochgeschossener Junge, sehr begabt, von wahrhaft sonnigem Gemüt und unwiderstehlichem Charme. Nach dem Abitur begann er ein Architekturstudium, und mit seiner gleichermaßen künstlerischen wie technischen Begabung hätte er es damit sicher weit gebracht. Das Schicksal wollte es anders. 1940 begegneten wir einander erneut im Lehrregiment Brandenburg, und bei Beginn des Rußlandfeldzuges fanden wir uns sogar als Schütze 2 und 3 am selben Maschinengewehr wieder. Doch seit 1942 ist Harald an der Südfront in Rußland verschollen.

einem elektrischen Türöffner versehen, den man durch Knopfdruck betätigen konnte.

Wir waren unzertrennlich oder, besser gesagt, ich war von ihm nicht zu trennen. Aber auch wenn der kleine Vetter ihm oft auf die Nerven gegangen sein mag, gezeigt hat Harald es nie. Meine Mutter, die ihn liebte wie wohl jeder, der diesem Liebling der Götter begegnete, nannte ihn Ajaxalon, den Bogenschützen, was wohl irgendwie mit dem Aiax der Ilias zusammenhing.

Zu unseren Lieblingsbeschäftigungen gehörte es, Vergleiche zwischen Reval und Riga anzustellen. Wir waren rechte Lokalpatrioten und gaben zum Ruhme unserer jeweiligen Heimatstadt kräftig an. Dabei war ich natürlich im Nachteil, nicht nur als der Jüngere, sondern auch, weil die baltische Metropole Riga unleugbar sehr viel größer und prächtiger war als das schöne, aber enge und provinzielle Reval. So gab es bei uns nur vier Tramlinien, von denen eine, die zum deutschen Friedhof in Ziegelskoppel führte, gar noch mit Benzinmotoren betrieben wurde. Riga dagegen hatte zwölf elektrische Straßenbahnen. Überdies waren die Rigaer Omnibusse viel größer und komfortabler als die in Reval, und in Riga verkehrten sogar Oberleitungsbusse. Auch der Verkehr war in Riga weitaus lebhafter. An manchen Straßenkreuzungen standen weißbehandschuhte Verkehrspolizisten, die mit eleganten Armbewegungen den Verkehr regelten. Von derlei konnte in Reval nicht die Rede sein, und so geriet ich regelmäßig ins Hintertreffen. Doch das gutmütige Naturell meines Vetters ließ daraus ernstlichen Streit nicht entstehen. Auch wäre ihm nie der Gedanke gekommen, seine körperliche Überlegenheit ins Spiel zu bringen.

Nach dem Abitur begann Harald sein Architekturstudium, und mit seiner gleichermaßen künstlerischen wie technischen Begabung hätte er es damit sicher weit gebracht. Doch das Schicksal wollte es anders. 1940 begegneten wir einander erneut im Lehrregiment Brandenburg, und bei Beginn des Rußlandfeldzuges fanden wir uns sogar als Schütze 2 und 3 am selben Maschinengewehr wieder. Doch seit 1942 ist Harald an der Südfront in Rußland verschollen, zum unendlichen Kummer aller, die ihn liebten. Ein Licht, das erlosch.

Neben der großen und lebhaften Familie Girgensohn nahm sich der Haushalt meiner Tante Lilli auffallend still

Riga von der Duna aus gesehen, um 1939.
Zu den Lieblingsbeschäftigungen von meinem Vetter Harald und mir gehörte es, Vergleiche zwischen Reval und Riga anzustellen. Wir waren rechte Lokalpatrioten und gaben zum Ruhme unserer jeweiligen Heimatstadt kräftig an. Dabei war ich natürlich im Nachteil, denn die baltische Metropole Riga war unleugbar sehr viel größer und prächtiger als das schöne, aber enge und provinzielle Reval.

aus. Ihr und ihrem Mann Burchard Ulrichen waren Kinder versagt geblieben. Sie wohnten zu zweit in ihrer etwas dunklen, mit Biedermeiermöbeln sehr geschmackvoll eingerichteten Wohnung und führten ein recht zurückgezogenes Leben, was wohl auch damit zusammenhing, daß sie nur über geringe Mittel verfügten. Onkel Burchard war Bankangestellter gewesen, hatte seine Stelle aber bei Beginn der Depression, also um 1929, verloren und widmete sich fortan der Genealogie der kurländischen Ritterschaft. Später sollte er noch eine entscheidende Rolle in meinem Leben spielen, denn er war es vor allem, der mir nach der Umsiedlung ins besetzte Polen die Augen für die wahre Natur der nationalsozialistischen Gewaltherrschaft geöffnet hat. Damals in Riga aber wußte er mit dem kleinen Neffen nicht viel anzufangen.

Um so netter war Tante Lilli in ihrer freundlichen, zurückhaltenden Art. Sie war damals als Sekretärin einer deutschen Grundschule die Haupternährerin des Paares. Ohne eigentlich schön zu sein, war sie eine ausgesprochene distinguierte Erscheinung mit edlen schmalen Zügen. Auch in ihrer Kleidung war sie zwar nicht eigentlich chic, aber von dezenter, gewählter Eleganz. Zweifellos hatte sie von mütterlicher Seite ein wenig von der Girgensohnschen Gehemmtheit mitbekommen, und bei aller Freundlichkeit wirkte sie kühl und distanziert. Später, in meinen Gymnasialjahren, habe ich sie scherzhaft »die Tante mit der eisernen Reserve« genannt.

Anders als Reval besaß Riga einen Zirkus, der sich ganz in der Nähe der Ulrichenschen Wohnung befand. Dorthin führte Tante Lilli mich aus, und ich kann das Entzücken gar nicht beschreiben mit dem ich all den wunderbaren Darbietungen folgte.

Übrigens gab es auch ein Ballett in Riga, denn nach der russischen Revolution war das Ensemble aus St. Petersburg in die baltische Metropole emigriert, die zwischen den Kriegen zu einem der Sammelpunkte der russischen Emigration wurde. So kam ich also auch in den Genuß eines Ballettbesuches und erlebte die Aufführung des »Nußknackers« nach E. T. A. Hoffmann mit der Musik von Tschaikowsky. Mich beeindruckte das sehr, und noch lange verfolgte mich der Mäusekönig bis in meine Träume.

Meine Mutter, die schönste unter den Schwestern, hatte die Lebensart des Vaters geerbt. Das hat sie später in der Welt des estländischen Adels rasch heimisch werden lassen. Dennoch blieb sie zeit ihres Lebens ein livländisches Literatenkind und ging auch in Estland ihre engsten Bindungen mit Menschen ein, die ihr durch geistige Interessen wesensverwandt waren.

Schule

Am 24. Juni 1926 feierte ich meinen siebten Geburtstag. Im September darauf begann für mich die Schule. Unsere deutsche Grundschule, die kleine Domschule oder die Vorschule, wie wir sie nannten, lag auf dem Domberg, an der Ecke Domschulstraße/Kirchplatz (Toomkooli tän./Kiriku Plats), dem traditionsreichen Gymnasium der »Domschule zu Reval« gegenüber. Mein Schulweg führte an dem hübschen Gebäude des Baltischen Bahnhofs (Balti Jaam) vorbei und dann durch eine Grünanlage, den Patkul-Graben, den der estländische Zivilgouverneur von Patkul angelegt hatte, nachdem die Stadtbefestigungen geschleift worden waren. Dann ging es in steilen Windungen und schließlich über Treppen hinauf auf den Berg. Oben angelangt, hatte man einen wundervollen Blick auf die Altstadt, auch heute wieder ein beliebter Aussichtspunkt für Touristen.

Auf dem Schulweg aber galt es zunächst Gefahren zu bestehen. Ich konnte ihn durch die Alte Fischermaystraße (Vana Kalamaja tän.) nehmen oder durch die Lindenstraße (Niine tän.). Hier aber wohnte eine Familie Zierul, die wohl lettischer Herkunft war und deren Söhne – kräftige Burschen, die vier oder fünf Jahre älter waren als ich – mich auf die vielfältigste Weise zu schikanieren pflegten, wenn ich des Weges kam. Besonders der jüngere, Georg mit Namen, tat sich dabei hervor, und bald war ich partout nicht mehr zu bewegen, durch diese Straße zu gehen. Gott sei dank war die Alte Fischermaystraße frei von solchen Wegelagerern.

Sehr deutliche Erinnerungen an die Grundschuljahre

habe ich nicht mehr. Die Schulleiterin war eine verwitwete Pastorin Hesse und die Schwester von Alexander Winkler, dem späteren Direktor der Domschule, eine freundliche Dame von großer Autorität. In der Grundschule gab es noch Koedukation, die nach vier Jahren mit dem Übergang ins Gymnasium endete. Groß waren die Klassen nicht. Vom Lehrpersonal, ausschließlich Frauen, ist mir außer Anna Hesse nur noch ein Fräulein Hörschelmann vor Augen, die uns Lesen und Schreiben lehrte. Und natürlich die beliebte »Tante« Elly Girgensohn, die uns mit unendlicher Geduld das Rechnen beibrachte.

Im zweiten Jahr beschloß meine Mutter, mich aus der Schule zu nehmen, um meine weitere Fortbildung einem privaten »Kreis« anzuvertrauen. Wahrscheinlich hatte das gesundheitliche Gründe. Ich galt als ein »zartes Kind« und habe auch in der Tat mit zehn Jahren ein sogenanntes Drüsenfieber der Bronchialdrüsen entwickelt, das als Vorform der Lungentuberkulose galt. Der Kreis wurde von Frau Adelheim unterhalten und geleitet, der Frau des Amtsgerichtsrats Georg Adelheim. Er befand sich in der Adelheimschen Wohnung in der Nähe des Antonisbergs (Tönismägi), wo heute die Nationalbibliothek steht. Wenn ich mich recht entsinne, zählte der Kreis sieben oder acht Schüler, davon nur zwei Jungen. Von den Mädchen sind mir die sehr ungleichen Zwillinge Koch in Erinnerung, Töchter des Rechtsanwalts Hermann Koch, die hübsche, brünette Britta und die etwas mollige, blonde Gitta, sowie Jutta Nottbeck, ihre Cousine Jutta Hörschelmann und Ingeborg Schulmann, die später Balthasar Buxhöveden geheiratet hat. Der einzige Junge außer mir war Leo Jack.

Frau Adelheim, eine stattliche Dame, deren ausdrucksvollen Kopf eine Frisur mit Mittelscheitel zierte, war eine

Revals alte Stadtmauer ist fünfzehn Meter hoch und mißt über zwei Meter in der Breite. Von ihren ehemals dreißig Wehrtürmen sind heute noch 26 erhalten. Davor liegt wie ein grüner Kranz der Parkgürtel, den der estländische Zivilgouverneur hatte anlegen lassen, nachdem die Stadtbefestigungen geschleift worden waren. Dahinter erhebt sich in schlanker Eleganz der Turm der St. Olai Kirche.

gottbegnadete Lehrerin. Die Einzelheiten ihres Unterrichts sind mir natürlich nicht mehr gegenwärtig, aber daß sie uns höchst wirkungsvoll förderte, davon legen die späteren schulischen Leistungen ein deutliches Zeugnis ab. Ob sie auch im eigentlichen pädagogischen Bereich so herausragend war, will ich nicht beurteilen. Jedenfalls bezeichnete sie mich einmal von Angesicht zu Angesicht als hochbegabt, was ich natürlich bei nächster Gelegenheit meiner Mutter entgegenhielt, als sie etwas an mir auszusetzen fand.

Wie nach den Umständen nicht anders zu erwarten, wurde Leo Jack, ein feingliedriger schlanker Knabe mit großem schmalem Kopf, blonden Haaren und grauen Augen, alsbald mein großer Freund und für die nächsten zwei Jahre mein einziger. Seine Eltern gehörten einem ganz anderen gesellschaftlichen Umfeld an als die der übrigen Schüler. Sein Vater war Direktor, vielleicht sogar der Besitzer der Tabakfabrik »Tubak« auf der Baltischportschen Straße (Paldiski Maantee). Für damalige estländische Verhältnisse erfreute er sich also eines soliden Wohlstandes. Die Familie bewohnte eine weitläufige, großzügig eingerichtete Wohnung in einem grauen Steinhaus neben der Fabrik.

Herr Jack, ein mittelgroßer schlanker Herr mit graumeliertem Bürstenschnitt, gestutztem Schnurrbart und klugen braunen Augen war Jude. Ob seine elegante polnische Frau auch jüdischer Herkunft war, weiß ich nicht. Untereinander sprach das Ehepaar wohl russisch, eine Sprache, die auch Leo besser beherrschte als Deutsch. So sagte er unfehlbar »zu was« statt »wozu«, ein typischer Russizismus. Warum Leos Eltern ihn in einen deutschen Kreis gaben, kann ich nicht sagen. Da auch er ein wenig kränklich war, gab es vielleicht keine für ihn geeigneten russischen oder jüdischen Lernkreise.

Persönlich pflegten meine Eltern mit Jacks keinen Umgang. Die Frage stellte sich sozusagen gar nicht, weil die Lebenskreise einander nicht berührten. Gesellschaftliche Kontakte zwischen der deutsch-baltischen Minderheit und der kleineren jüdischen waren praktisch nicht existent. Es gab nur berufliche Kontakte, die aber hielten bis zur Umsiedlung im Jahr 1939 an, etwa zwischen der deutschen und der jüdischen Ärzteschaft, die ein Kartell bildeten, weil sie

Die Langstraße ist eine der Straßen, von denen die Altstadt der Länge nach durchschnitten wird. Doch mißt sie nicht mehr als etwa 700 Meter.

nur so ein Mitglied in den Vorstand der Ärztekammer Estlands bringen konnten.

Gegen die Freundschaft der beiden Söhne aber hatten die Eltern nichts einzuwenden, und so war ich oft bei Jacks zu Hause. Daß Leo weit weniger häufig zu uns kam, lag einfach daran, daß die Wohnung seiner Eltern sich auf halbem Weg zwischen der unseren und der Adelheimschen befand. Ich erinnere mich aber auch eines Wochenendes, das ich in der Datscha der Jacks verbringen durfte.

Leo und ich spielten leidenschaftlich gern miteinander, und da wir beide weder wild noch besonders ausgelassen waren und somit gut zueinander paßten, entwickelte sich bald eine wirklich herzliche Freundschaft, die leider schon kurz vor Ablauf der zwei Jahre im Adelheimschen Kreis ein tragisches Ende fand. Denn Leo erkrankte – ich glaube mich zu erinnern, daß meine Mutter von einem Hirnleiden sprach – und starb nur kurze Zeit später. Ich verlor mit ihm den einzigen Freund, vor allem aber verloren die Eltern ihr einziges, über alles geliebtes Kind. Damit riß der Kontakt zu ihnen ab.

Zum letzten Grundschuljahr kam ich zurück in die Vorschule. Dann aber schlug im Herbst 1930 die große Stunde, der Eintritt in die Quinta der Domschule zu Reval. Sie wird urkundlich 1319 erstmals erwähnt und ist vermutlich die älteste deutsche Auslandsschule gewesen. Ich durfte nun die Domschulmütze aufsetzen, die in den Schulfarben – blau mit gelben Borten – gehalten war und die ich acht Jahre lang mit Stolz tragen sollte.

Wer die Aula der »Ritter- und Domschule« zu Reval betrat, einen lichten, fast quadratischen Raum mit Fenstern an der Stirnwand und an beiden Seiten, schritt direkt auf ein Katheder zu, von dem aus Morgenandachten und Ansprachen gehalten wurden. Über dem Katheder waren zwei Fahnen angebracht, von denen die eine, in den estländischen Landesfarben grün-violett-weiß, von Peter dem Großen gestiftet worden war, während die andere, blau und gelb, von Gustav Adolf II. von Schweden stammte. Das Gymnasium war also in der Tat eine altehrwürdige Einrichtung. Seit undenklichen Zeiten schickte der estländische Landadel seinen Nachwuchs hierher; doch die Schule wurde auch von den Söhnen der »alten Familien« der Stadt besucht, der Patrizier, wie man die Großkaufleute nannte, und der Literaten, worunter man in den baltischen Landen Theologen und Juristen, Mediziner und Pharmazeuten verstand, kurzum die »Studierten«.

Zur täglichen Morgenandacht traten die acht Klassen, die unteren vier geführt von ihren Klassenvätern, in zwei Kolonnen an. Zur Linken, vom Katheder aus gesehen, bezogen Quinta und Quarta, Untertertia und Obertertia ihre Stellungen, zur Rechten die beiden Sekunden und die beiden Primen. So fand sich der frischgebackene Quintaner direkt vor den zwei Reihen der mit schwarzem Leder bezogenen Lehrersessel wieder, von denen aus die gestrengen Pädagogen ihre Schülerschar im Blick halten konnten. Die Schar war nicht sehr groß. Etwa 140 Knaben und Jünglinge verteilten sich auf die Klassen, die jeweils fünfzehn bis zwanzig Schüler zählten.

Mit den Klassenvätern hatte es die Bewandtnis, daß sie Teil der Schülerselbstverwaltung waren, auf die sich die Schule mit Recht etwas zugute hielt. Jede Klasse wählte zu Beginn des Schuljahres ihre »Obleute«, einen Ersten sowie zwei Stellvertreter, die als Sprecher und Vertrauensleute fungierten, nicht zuletzt aber zwischen den Unterrichtsstunden für Ordnung zu sorgen hatten. Den »Kleinen« aber war darüber hinaus jeweils ein Klassenvater aus den Reihen der älteren Schüler zugeteilt. An der Spitze des Ganzen stand der »Vertrauensrat«, bestehend aus den drei Obleuten der Oberprima, den zwei ersten der Unterprima und dem ersten der Obersekunda. Den Schulsprecher machte der erste Obmann der Oberprima.

In den Pausen sah man fast nie einen Lehrer, denn außerhalb des Unterrichts wurden alle Ordnungsaufgaben von der Schülerselbstverwaltung wahrgenommen. Hierzu verfügte der Vertrauensrat sogar über eine Disziplinargewalt. Unbotmäßigkeit konnte er mit bis zu zwei Stunden Nachsitzen am Wochenende ahnden.

In diese illustre Institution trat ich im Herbst 1930 ein, gemeinsam mit sechzehn anderen Jungen, von denen lediglich fünf zum Adel gehörten, woran erkennbar ist, daß die Schule schon längst aufgehört hatte, von den Sprößlingen der ehemaligen Ritterschaft dominiert zu werden. Überhaupt spielten ständische Vorurteile keinerlei Rolle.

Direktor der Domschule war damals Emil Musso, ein großer schlanker Herr mit schmalem markantem Kopf, der Latein lehrte, ein unbestrittenes Hauptfach des Gymnasiums. Er wurde aber schon 1933 durch den Inspektor oder stellvertretenden Direktor Alexander Winkler abgelöst. Das geschah aus politischen Gründen. Im Jahre 1920 war der gesamte deutsche Großgrundbesitz – sowohl des estländischen Adels als auch der nicht sehr zahlreichen bürgerlichen Rittergutsbesitzer – durch den neu gegründeten Staat enteignet worden. Das Deutschtum im Lande büßte hierdurch seine auch wirtschaftlich dominierende Stellung ein, selbst wenn ihm in Industrie und Handel, Banken und Versicherungswesen verhältnismäßig starke Positionen verblieben. Viele der Betroffenen wanderten damals mit ihren Familien nach Deutschland aus, erfüllt von Trauer und Erbitterung. Unter ihnen bildete sich eine ordensähnliche Verbindung, die »Baltische Bruderschaft«, die in der Republik Estland selbst Anfang der dreißiger Jahre verboten wurde. Ihre Angehörigen wurden vor Gericht gestellt und mußten die Hauptstadt verlassen. Das traf auch Emil Musso, der sich so gezwungen sah, sein Amt zu räumen.

Neben Latein nahm vor allem die estnische Sprache als erste Fremdsprache breiten Raum ein. Sie war die Staatssprache der Republik und die Unterrichtssprache der Landesuniversität Dorpat. Sie zu beherrschen wurde nicht nur von der Regierung gefordert, sondern war auch für den späteren Beruf lebenswichtig. Als Idiom der finnisch-ugrischen

Berndt von Staden als frischgebackener Gymnasiast im Alter von elf Jahren.

Sprachenfamilie dem Finnischen nahe, dem Ungarischen entfernt verwandt, war sie nicht eben einfach. Zumal für junge Menschen, deren Muttersprache deutsch war und die eine Schule mit deutscher Unterrichtssprache besuchten, war ihre Erlernung ebenso notwendig wie arbeitsaufwendig.

Den etwa 14 000 bis 16 000 Deutschen im Lande war vom estnischen Staat ein Minderheitenstatut, die sogenannte Kulturautonomie, gewährt worden. Es galt im Europa der Zwischenkriegszeit mit Recht als vorbildlich. Gleiche Rechte genossen auch die russische, schwedische und jüdische Minderheit. Das Statut, von dem indessen nur die in Streusiedlung lebenden Deutschen und Juden Gebrauch machten, schloß vor allem das Recht ein, eigene muttersprachliche Schulen zu unterhalten. In Reval gab es fünf höhere deutsche Schulen, drei für Jungen und zwei für Mädchen. Zu ihnen zählte die Domschule. Dem Erlernen des Estnischen waren sechs Wochenstunden gewidmet, durch alle acht Schuljahre hindurch.

Wenn ich dennoch nicht sehr gut Estnisch gelernt habe – was mir später beim Eintrittsexamen in die Universität Schwierigkeiten bereiten sollte –, so lag das teilweise daran, daß der Unterricht nicht sehr gut war. Vor allem aber fehlte es fast völlig an gesellschaftlichem Umgang mit Esten. Ich sage »gesellschaftlichen«, weil ich mit den »Dienstboten«, die durchweg Esten waren, und auf dem Lande mit den Arbeitern natürlich in täglichem Kontakt stand. Dadurch aber eignete ich mir einen sehr begrenzten Sprachschatz an, den man als »Küchenestnisch« bezeichnen konnte.

Bis in die zweite Hälfte des 19. Jahrhunderts hatte es eine gebildete estnische Schicht nicht gegeben. Wer sozial aufsteigen wollte, war praktisch gezwungen, die Nationalität zu wechseln und Deutscher zu werden. Deutsch war die Oberschicht in Land und Stadt, Deutsch die Sprache der Provinzialverwaltung, der höheren Lehranstalten und der Landesuniversität. Estnisch gab es als Schriftsprache durch Jahrhunderte hindurch nur im Bereich der Seelsorge. Deutsche Pastoren, die ihre estnischen Gemeinden in der Landessprache versorgten, übersetzten die Bibel, Gebetbücher, den Katechismus und Gesangbücher ins Estnische; andere Texte gab es lange Zeit so gut wie gar nicht. Erst im 19. Jahrhundert begann das sogenannte nationale Erwachen, das zur Entstehung einer estnischen Literatur, zum Erscheinen estnischer Periodika und zur Gründung estnischsprachiger höherer Lehranstalten führte. Diese Entwicklung aber voll-

Durch Jahrhunderte waren die Esten ein Volk von Bauern gewesen. Ihr sogenanntes »nationales Erwachen« begann um die Mitte des vorigen Jahrhunderts, und als Symbol hierfür wurde zu Beginn des 20. Jahrhunderts das »Estonia Theater« mit Hilfe privater Spenden erbaut.

zog sich im wesentlichen schon in einem bewußten Gegensatz zur deutschen Oberschicht.

Denn die sozialen Gegensätze waren im alten Baltikum eben zugleich auch nationale, was ihnen besondere Schärfe verlieh. Die Begründung der estnischen Selbständigkeit, als eine Folge des Ersten Weltkrieges und der russischen Revolution, vertiefte diese Gegensätze noch, denn sie ging ja mit der Enteignung des deutschen Großgrundbesitzes und der Entmachtung der ritterschaftlichen Provinzialselbstverwaltung einher. Die politisch, wirtschaftlich und sozial schwer getroffene deutsche Oberschicht verharrte dem neuen Staat und seiner jungen Elite gegenüber deshalb weitgehend in Abneigung und hochmütiger Distanz. Die Esten ihrerseits erinnerten sich mit Bitterkeit der langen Jahrhunderte der Leibeigenschaft und Diskriminierung. Mag sich die deutsche Dominanz im alten Baltikum auch durch manche Züge patriarchalischen Wohlwollens ausgezeichnet haben, eine Fremdherrschaft blieb sie dennoch.

So reichten die kurzen zwanzig Jahre der ersten estnischen Selbständigkeit nicht aus, um die tiefen Gegensätze auszugleichen, und bis auf wenige sehr formale und nicht unumstrittene Kontakte fand ein gesellschaftlicher Verkehr zwischen der estnischen Führungsschicht und der Minderheit nicht statt. Ja, man kann sich sogar fragen, ob nicht gerade das großzügige Minderheitenstatut, das den baltischen Deutschen gewährt war, dazu beigetragen hat, die Abschottung nur um so dichter werden zu lassen.

Alexander Winkler also übernahm 1933 die Leitung unserer Schule. Er war einer der Männer, die einen starken Einfluß auf meine Entwicklung als junger Mensch gehabt haben, was aber weniger an seiner Persönlichkeit als an seiner Funktion lag. Sass, wie wir ihn unter uns nannten – eine im Baltikum gebräuchliche Abkürzung von Alexander –, war ein passionierter und gottbegnadeter Geschichtslehrer. Der stattliche, etwas schwere Mann mit seinem schwarzen

Die erstmals 1319 erwähnte »Domschule zu Reval« (links im Bild) lag am Domkirchenplatz, der sogenannten Kleinen Domschule gegenüber. Ehemals befand sie sich keine hundert Meter vom früheren Ritterhaus entfernt, in dem bis 1918 die estländischen Landtage zusammentraten.

Schnurrbart und kahlem Kopf trug hinreißend vor. In der für ihn charakteristischen hohen Stimmlage entwarf er ein Bild der großen historischen Ereignisse und ihrer politischen Hintergründe, das unsere ganze Aufmerksamkeit gefangennahm. Gewiß war es nach heutigen Maßstäben eine eher einseitige Sicht, die uns vermittelt wurde, eurozentrisch und konzentriert auf die Außenpolitik der europäischen Mächte, wie Ludwig Dehio sie in seiner brillanten Studie über »Gleichgewicht oder Hegemonie« dargeboten hat. Wirtschafts- und Sozialgeschichte traten hinter der politischen und militärischen damals noch zurück. Doch wenn dem Bild nach heutigem Verständnis auch manche Dimension fehlen mochte, blieb es doch plastisch genug und unerhört farbig. Hier wurde einer der Grundsteine zu meiner späteren Berufswahl gelegt. Ich beschäftigte mich alsbald auch außerhalb der Schule viel mit Geschichte, und nicht zufällig sollten in den späteren Gymnasialjahren Duff Coopers »Talleyrand« und Heinrich von Srbiks »Metternich« zu den Biographien gehörten, die ich mit Begeisterung verschlang.

Winkler war eingefleischter Junggeselle und einem guten Tropfen nicht abgeneigt. Gerüchte wollten, daß eine seiner Schwestern, die Witwe eines der reichsten Männer Estlands, ihn unterstütze, dies jedoch vom Maßhalten in »geistigen Genüssen« abhängig gemacht habe. Wenngleich wir Schüler unseren beliebten und hochgeachteten Direktor nie in den Armen des Bacchus gesehen haben, ist die angebliche Unterstützung durch die begüterte Schwester aus anderen Gründen doch der Erwähnung wert.

Zwar erhielt die Domschule 1924 den Charakter einer staatlichen Anstalt, doch blieb sie auch weiterhin auf Schulgelder und Spenden angewiesen. Beide Quellen aber flossen nur spärlich. Die Güterenteignung hatte unmittelbar zwar nur den landbesitzenden Adel getroffen, doch da er das wirtschaftliche Rückgrat des Deutschtums gebildet hatte, zog sein Ruin auch die freien Berufe, die Kaufmannschaft und das Handwerk mit sich. Insgesamt lebte die ganze Volksgruppe in zunehmend bedrückten Verhältnissen. Ohne die Spenden der wenigen Wohlhabenden, die, gemessen an ihrer geringen Zahl, sehr großzügig waren, hätte die Volksgruppe ihre kulturellen Einrichtungen, vor allem die Schulen, nicht erhalten können. So waren die Mittel knapp, und das galt auch für die Gehälter der Lehrer, die mehr als kümmerlich gewesen sein müssen. Damals wußte ich das allerdings nur vom Hörensagen, denn die private Lebenssphäre der Gesellschaft, zu der meine Eltern gehörten, berührte sich nur wenig mit der anderer deutscher Kreise.

Nachfolger von Alexander Winkler als Inspektor oder stellvertretender Schulleiter wurde unser Mathematiklehrer Arvid Hünerson – Kana, wie wir ihn nannten, mit kurzem »a«, was im Estnischen Huhn bedeutet.

Die Begegnung mit diesem Mann und die Erinnerung an ihn haben mich ein Leben lang über das Geheimnis der Autorität nachdenken lassen. Denn darin, daß es im schulischen Betrieb in hervorragendem Maße auf die Autorität der Lehrer ankam, bildete auch unsere Anstalt keine Ausnahme.

An sich waren wir ein eher friedliches Völkchen. Die meisten unter uns und alle, die den Ton angaben, entstammten Elternhäusern, in denen auf Anstand und Anständigkeit streng geachtet wurde. Die Autorität der Eltern war unangefochten, einen Generationskonflikt kannten wir nicht, nicht einmal einen Gegensatz der Generationen.

Selbst als der Geist der Hitlerjugend bei uns einzudringen begann, um sich bei den Jungen mehr oder weniger durchzusetzen, während die alte Generation überwiegend konservativ blieb, brachen die Generationen nicht auseinander. Zu gefestigt waren Stil und anerzogenes Benehmen unter den Söhnen und Töchtern unserer wenigstens dem Bildungsniveau nach einigermaßen homogenen Gruppe. Das zeigte sich auch in der Schule. Man stand auf, wenn die Lehrer die Klasse betraten, marschierte brav in Zweierreihen zur Morgenandacht und schonte Schulbücher und Inventar.

Dennoch waren wir natürlich junge Burschen und als solche durchaus geneigt, gegenüber hilflosen Lehrern jene unbedachte Grausamkeit walten zu lassen, die Halbwüchsigen nun einmal eigen ist. Manche unserer Lehrerinnen und Lehrer haben wir arg geplagt.

Nie aber Kana. Er war ein nicht ganz mittelgroßer, schlanker, beinahe schmächtiger Mann mit kahlem Schädel und feinen Gesichtszügen, die indessen nichts Schwächliches hatten. Hinter scharfen Gläsern – meiner Erinnerung nach trug er ein Pincenez – blickten uns kühle, nicht unfreundliche graue Augen an. Er war ein vorzüglicher Lehrer, der es hervorragend verstand, uns sein schwieriges, trockenes Fach zu vermitteln. Vor allem aber genoß er unangefochtene Autorität. Ein kurzer Blick, ein paar leise Worte genügten, um jede aufkommende Frechheit oder Aufsässigkeit im Keim zu ersticken. Nie habe ich ihn die Stimme erheben hören. Nie, soweit ich mich erinnere, brauchte er Strafen zu verhängen, sei es nun eine Eintragung ins Klassenbuch oder eine Ausweisung aus dem Unterricht. Worauf aber diese Autorität eigentlich beruhte, weiß ich bis heute nicht. Jedenfalls nicht auf der nahezu unbegrenzten Disziplinargewalt, mit der ich später im estnischen Heer und mehr noch bei der deutschen Wehrmacht bis zum völligen Überdruß konfrontiert werden sollte.

Arvid Hünerson war übrigens nicht der einzige, der mir dieses Rätsel aufgab. Ein anderer war unser Religionslehrer, der Pastor Erich Walter. Wir nannten ihn Bonzo, nach der aus Amerika stammenden Comicfigur eines rundlichen Hundes. Der Grund lag wohl darin, daß der Pastor, ohne dick zu sein, etwas Ovales in seiner nicht sehr großen Figur und im Schnitt seines Gesichts an sich hatte. Dabei hatte er einen guten Kopf. Mit seinem schwarzen Haar, dem kleinen schmalen Schnurrbart, großen dunklen Augen und charaktervollen Zügen durfte man ihn einen schönen Mann nennen. Auch trug er elegant geschnittene Anzüge, deren Chic dadurch unterstrichen wurde, daß er statt der üblichen Krawatte eine Fliege zu tragen pflegte.

Pastor Walter war ebenfalls ein höchst begabter Pädagoge, der seinen Unterricht vor allem auf Kirchengeschichte konzentrierte, die er mit sonorer Baßstimme fesselnd darzustellen wußte. Und auch bei ihm pflegte es in der Klasse mucksmäuschenstill zu sein, was schon damals gerade in »weichen« Fächern wie Religion, die im Zeugnis nicht entscheidend zu Buche schlugen, alles andere als selbstverständlich war. Unsere Volksgruppe war wohl nicht besonders fromm, aber kirchentreu und sehr bewußt lutherisch. Die Kirche war konstituierendes Element unserer deutschen Identität, die weniger politisch als durch das Kulturelle bestimmt war. Vorzeigbare Noten in Religion zu haben gehörte deshalb zum guten Ton, galt aber auch als leicht und bedurfte im allgemeinen tatsächlich keiner großen Anstrengungen. Bei Pastor Walter aber wurde aufgemerkt und gelernt, als ginge es um Mathematik. So hat er uns wohl, ohne zu missionieren, zumindest doch stark beeinflußt.

Auch bei ihm ist mir die starke Autorität letztlich unerklärlich geblieben: »Höchstes Glück der Erdenkinder ist doch die Persönlichkeit« – wie wahr!

Rechts neben dem Eingang zur Aula befand sich die Schulorgel, auf der ein Schüler der oberen Klassen den Choralgesang am Beginn und Ende der Morgenandacht begleitete. Ein zweiter trat den Blasebalg, indem er auf dem an einer Stange angebrachten Tritt auf- und niederfuhr. Neben der Orgel stand ein Flügel, um den wir uns scharten, wenn der Kapellmeister Johannes Gohs uns Gesangsunterricht erteilte. Herr Gohs übrigens, ein wohlaussehender brünetter Mann mit schöner Tenorstimme, war insofern ein Gegenstück zum Inspektor und zu Pastor Walter, als er sehr wohl Probleme mit der Autorität hatte und von uns gelegentlich recht gemein behandelt wurde.

Wenn morgens alles in der Aula angetreten war, schritten die Lehrer durch den Gang, den unsere beiden Kolonnen bildeten, um vor uns auf ihren Sesseln Platz zu nehmen. Einer von ihnen hielt dann jeweils die Andacht. Sie begann mit einem Choral, dem die Textlesung und eine kurze Ansprache folgten. Dann wurde gebetet und zum Abschluß wieder gesungen. Danach erhoben sich die Lehrer wieder, und ihnen folgend marschierten die Schüler zurück in ihre Klassenzimmer, diesmal hinter der Vorhut der Oberprima, während jetzt die Quinta den Schluß machte.

Von diesen Andachten ist mir eigentlich nur eine einzige in genauer Erinnerung geblieben. Sie fand kurz vor dem Besuch des Luftschiffs »Graf Zeppelin« statt, das dann einen Tag lang über Reval kreuzte und allgemein bestaunt wurde. An jenem Morgen hielt unser Turnlehrer Max Wichmann die Andacht, der dazu insofern berufen schien, als er, wie es hieß, Theologie studiert, aber wohl nicht abgeschlossen hatte. Er begann seine Ansprache mit den Worten: »Zeppelin kommt«, wobei er originellerweise die erste Silbe mit ganz besonderem Nachdruck betonte. Die Folge davon war natürlich, daß die Kinder den Zeppelin sehen wollten, jedoch nicht den Mut fanden, ihren Vater um Erlaubnis zu bitten. So gingen sie dann zur Mutter, die sich zum Mittler machte und die Genehmigung erwirkte. In dieser Allegorie nahm, wie wir dann erfuhren, der Vater die Stelle Gottes ein, während die Mutter den Part des Herrn Jesus spielte.

Daß Wichmann die erste Silbe des »Zeppelin« auf eine so ungewöhnliche Weise betonte, war kein Zufall, denn er sprach mit einem deutlichen estnischen Akzent. Im übrigen aber war der sportliche, schlanke, schon nicht mehr junge Mann ein echter Jünger von Turnvater Jahn und daher ein Freund von Freiübungen. Geräteturnen und Leichtathletik wurden darüber indessen nicht vernachlässigt.

Zum Sportunterricht oder, wie man bei uns sagte, zur Turnstunde begab man sich wieder in ordentlicher Marschformation über den Schloßplatz an der russischen Kathedrale vorbei zur Domschulturnhalle, die im Wallgraben am Fuße des Dombergs etwa fünf Minuten von unserer Schule entfernt gelegen war. An sie schloß sich der Sportplatz an, wo bei gutem Wetter Fußball gespielt und Leichtathletik getrieben wurde, während er im Winter als Schlittschuhbahn diente, eine Funktion, die sich vor allem deshalb großer Beliebtheit erfreute, weil sich hier die ersten Gelegenheiten ergaben, mit den Schülerinnen unseres Parallel-Gymnasiums, der Elisenschule, anzubändeln. Auch befanden sich auf dem Sportplatz zwei Tennisplätze, auf denen die Mitglieder des deutschen Tennisclubs spielten und Turniere abhielten.

Sport war nun leider nicht meine stärkste Seite. Ich war recht ungeschickt und mußte darunter gelegentlich auch leiden. Da Max Wichmann den Freiübungen zugetan war, nahmen diese einen verhältnismäßig breiten Raum im Turnunterricht ein und wurden zuweilen zu den Klängen rhythmischer Klaviermusik absolviert, als deren Autor mir ein junger estnischer Komponist namens Gustav Ernesaks in Erinnerung geblieben ist. Dieser Mann sollte später, in den Jahrzehnten der sowjetischen Besetzung, zum »Vater der estnischen Sängerfeste« werden, die in der nationalen Geschichte zweimal eine bedeutende Rolle gespielt haben.

Mitte des 19. Jahrhunderts wurden diese Sängerfeste zum Fanal des »nationalen Erwachens«, als dessen herausragende Manifestation sie zum ersten Mal 1859 in Dorpat stattfanden. Tausende von Sängerinnen und Sängern aus den Städten und Dörfern des Landes strömten zusammen, um in einer machtvollen Kundgebung Lieder zu singen, von denen das Volk einen reichen Schatz besaß. Diese Übung wurde dann durch das 19. und 20. Jahrhundert fortgesetzt, auch während der sowjetrussischen Zwangsherrschaft. Solange diese währte, mußten zwar zunehmend auch russische Lieder in das Repertoire aufgenommen werden, doch blieb die Tradition des estnischen Volksliedes erhalten. Mit dem Beginn der Ära Gorbatschow und dem erneuten Ringen der Esten um ihre Identität und Selbstbestimmung gewannen auch die Sängerfeste zunehmend wieder den Charakter nationaler Manifestationen. Endlich, 1990, konnte von 30 000 Sängerinnen und Sängern auch die Nationalhymne zum ersten Mal wieder gesungen werden. Ich hatte das Glück, als 71jähriger dabeizusein und war zutiefst bewegt. Jahrzehntelang aber war der inzwischen über achtzig Jahre alte Ernesaks als Komponist und Dirigent die Seele dieser Veranstaltungen gewesen, und wie er da im Sommer 1990, schneeweiß gekleidet, vor 300 000 Zuhörern stand und den Taktstock hob, konnte niemand sich der suggestiven Wirkung dieses Anblicks entziehen. Für mich aber wurden damit zugleich Erinnerungen an die ferne Schulzeit lebendig.

Meinen Neigungen entsprechend zeigte ich in Geschichte und Deutsch wie auch in Kirchengeschichte und später in philosophischer Propädeutik überdurchschnittliche Leistungen. Dagegen lagen mir Mathematik und die

Die St. Olai Kirche – das Wahrzeichen der alten Stadt und der Stolz ihrer Bürger. Ihr hoher, schlanker Turm war der markanteste Punkt in der Silhouette Revals.

Naturwissenschaften weniger, und auch die Fremdsprachen bereiteten mir Schwierigkeiten.

Am wenigsten galt das noch für Latein, wo mir die Übersetzungen ins Deutsche leichtfielen, während ich in der umgekehrten Richtung mit der lateinischen Satzkonstruktion einige Mühe hatte. Inhaltlich ließen mich die Texte übrigens kalt. Weder Caesar noch Cicero konnten mich beeindrucken, allenfalls noch einige Oden des Horaz. Die vielgepriesene Wirkung der klassischen Literatur auf die Bildung von Charakter und Gesinnung blieb bei mir aus. Vielmehr war es die Vertiefung in die Geschichte, die mich prägte, sowie die ersten Begegnungen mit der Philosophie. Hier mag wohl mitgespielt haben, daß unser Lateinlehrer, den wir phantasievoll »Mensa« hießen, zwar ein freundlicher, wohlwollender Mann, aber kein herausragender Pädagoge war. Liebe zum klassischen Geist jedenfalls, die im Bildungsideal meiner Jugend noch eine große Rolle spielte, vermochte er in uns nicht zu wecken.

Ernstliche Schwierigkeiten bereiteten mir die neuen Sprachen: Estnisch war, wie gesagt, unsere erste Fremdsprache, Russisch die zweite, in der wir sechs Jahre lang zwei Stunden die Woche unterrichtet wurden. Wählen konnte man in den letzten drei Schuljahren zwischen Altgriechisch und Englisch. Französisch wurde nicht angeboten.

Leider war gerade das so überaus wichtige Fach Estnisch nicht allzu gut besetzt. In den unteren Klassen gab es dafür den Küster Herrn R., einen freundlichen alten Herrn, der aber gewiß kein Pädagoge war. Danach wurden wir dann einer sehr stattlichen Dame anvertraut, Frau J., von uns Jurka genannt. Sie war ungeachtet ihres russischen Namens eine Estin. Wegen ihres Umfangs bewegte sie sich langsam, doch hatte sie einen wachen Geist, viel Verständnis und

Liebe für die Literatur ihres Volkes, nicht zuletzt für den wunderschönen Klang der estnischen Lyrik. »Lydia Koidula«, Lydia die Morgenröte, wie man diesen *nom de guerre* übersetzen könnte, und »Marie Under« habe ich durch sie kennen- und liebengelernt. Doch verfügte Frau J. leider über wenig Autorität und wurde nicht selten recht geplagt. Außerdem wirkte sich für mich nachteilig aus, daß ich wohl noch weniger Umgang mit estnischen Altersgenossen und Erwachsenen hatte als zumindest ein Teil meiner Klassenkameraden. So schleppte ich mich mit gerade noch genügenden Noten dahin, ohne das melodische, aber schwere Estnische je wirklich gut zu erlernen. Das war ein rechter Jammer, denn diese Sprache ist nicht nur klanglich schön, sondern auch in anderer Hinsicht bemerkenswert. Da sie jahrhundertelang nichts anderes als das Idiom einer leibeigenen, armen und ungebildeten bäuerlichen Bevölkerung gewesen war, fehlten ihr zur Zeit des späten »nationalen Erwachens« zahllose Begriffe, zumal die abstrakten und solche der höheren Bildung. An deren Stelle wurden zunächst deutsche und russische Fremdwörter in Gebrauch genommen. Erst nach Erringung der Unabhängigkeit setzte eine umfassende Reform ein. Getragen wurde sie vor allem von einem einzigen Manne, dem genialen Sprachschöpfer Professor Johannes Aavik. Er bildete aus alten Stämmen, teilweise finnischer Herkunft, aber auch durch ganze neue Wortschopfungen zahllose klanglich kongeniale Begriffe, die an die Stelle der Fremdwörter traten. Man sprach damals vom entstehenden modernen Estnisch als »aaviku keel«, der Sprache Aaviks. War dies schon eine faszinierende Besonderheit, so zeichnet das Estnische sich darüber hinaus durch eine äußerst konzise Syntax aus. Oft fühlte ich mich dabei ans Lateinische erinnert, besonders an syntaktische Figuren wie den Ablativus absolutus oder den Accusativus cum infinitivo. Bei synoptischen deutschen und englischen Texten fällt bekanntlich auf, daß die englische Version schon im Schriftbild deutlich kürzer ist als die deutsche. Wer eine estnisch-englische Synopse der neuen estnischen Verfassung zur Hand nimmt, wird aber bemerken, daß der estnische Text noch erheblich kürzer ist als der korrespondierende englische.

Russische Texte, die länger sind als deutsche, dürften um nahezu ein Drittel länger sein als estnische. So wird es kaum wundernehmen, daß ich mit dem Russischunterricht noch größere Schwierigkeiten hatte als mit dem Erlernen der estnischen Sprache. Auch hier aber war es ein Nachteil, daß die zuständige Lehrkraft ihre Schwächen hatte. Fräulein von St., genannt Stritzka, war durch und durch Dame und ermangelte gewiß nicht der notwendigen Kenntnisse. Doch durchzusetzen vermochte sie sich gegenüber unserer mitleidlosen Schar nicht besser als Frau J.. Um dem abzuhelfen, nahm ich regelmäßige Nachhilfestunden bei meiner Wahltante Olly Stackelberg, von der noch die Rede sein wird.

In den drei obersten Klassen der Knabenschulen Estlands war ein sogenannter Militärunterricht obligatorisch. Während der Semester fand er in den Klassenräumen statt, jeweils zweimal im Monat. Hier wurden Waffen- und Kartenkunde gelehrt und wohl auch andere theoretische Fächer, an die ich mich nicht mehr entsinne. Am Ende des Schuljahrs, das bei uns am Beginn der großen Sommerferien lag, gab es dann zehn Tage »Lager«, das mit einem Manöver abschloß. Man wohnte zwar auch während der Lagerzeit zu Hause, mußte aber frühmorgens auf dem Hof einer in Stadtnähe gelegenen Kaserne des estnischen Heeres zum Dienst im Gelände antreten.

Erteilt wurde der Militärunterricht durch estnische Offiziere, Oberleutnants und Leutnants. Ziel war es, die Schüler der höheren Schulen darauf vorzubereiten, ihren Militärdienst in der sogenannten Aspirantenschule abzuleisten, wo die Reserveoffiziersanwärter ausgebildet wurden. Am Ende der Lagerzeit fand als Höhepunkt eine Parade auf dem »Freiheitsplatz« (Vabaduse väljak) mitten in Reval statt. Da defilierten die Oberstufen aller höheren Knabenschulen hinter ihren Schulfahnen im Paradeschritt am Oberbefehlshaber der estnischen Armee, General Juhan Leidoner, vorbei. Man trug blaue Konfirmationsanzüge, und der Fahnenträger sowie seine beiden Nebenmänner hatten weiße Handschuhe an. Die Domschule führte bei diesen Anlässen die von Peter dem Großen gestiftete Fahne vor, die ältere, die von Gustav Adolf II., war schon zu brüchig.

In meinem letzten Schuljahr durfte ich als dritter Schulobmann links neben dem Fahnenträger marschieren, was mich mit großem Stolz erfüllte. Überhaupt mochten wir den Militärunterricht ganz gern. Die Schrecken des Zweiten Weltkrieges lagen ja noch vor uns, und der Gedanke, unser im Schatten des großen Nachbarn gelegenes Land erforderlichenfalls zu verteidigen, erschien uns selbstverständlich. Ungeachtet aller nationalen Gegensätze war uns als jungen Bürgern der Republik ein Gefühl des Patriotismus nicht fremd. In Augenblicken wie dem des Defilees empfanden wir das deutlich.

Die hohe Gestalt des Oberbefehlshabers, in Khaki, mit breiten goldenen »Kolbenringen« an den Ärmeln, die in Estland nicht nur bei der Marine getragen wurden, flößte Respekt ein. Dieser auch politisch hochbegabte Offizier war ein estnischer Nationalheld. Als ehemaliger Oberst im Generalstab der kaiserlich russischen Armee hatte er 1918 im

Freiheitskrieg Estlands den Oberbefehl übernommen und die junge Republik erfolgreich gegen den Ansturm der bolschewistischen Roten Armee verteidigt. Wie fast alle Angehörigen der estnischen politischen Führungsschicht ist auch er in der sowjetischen Deportation elend ums Leben gekommen.

Die wenigen estnischen Offiziere, die ich damals näher kennenlernte, machten durchweg einen guten Eindruck auf mich. Sie legten Wert auf ein adrettes Äußeres und korrektes Benehmen. Zu ihrer Uniform gehörte ein brauner Ledergürtel englischen Stils mit Schnalle und durchgestepptem Muster, dazu ein Schulterriemen. Der im Grunde absurde deutsche Zierdolch, den ich später selbst nicht ohne Eitelkeit tragen sollte, war unbekannt, ebenso die grauen Wildlederhandschuhe. Offizier zu sein war offensichtlich ein Symbol des sozialen Aufstiegs, vielleicht charakteristisch für eine Nation, die damals noch alle Merkmale eines Bauernvolkes trug. Tatsächlich waren die Offiziere überwiegend wohl auch noch Bauernsöhne.

Meine besonderen Sympathien galten dem Oberleutnant Tartlan. Der hochgewachsene schlanke Mann mit der athletischen Gestalt und den etwas schlaksigen Bewegungen war ausnehmend freundlich zu uns. Seine kantigen, bäuerlichen Züge von einer fast anziehenden Häßlichkeit sind mir noch gut in Erinnerung. Viele Jahre später, als ich 1944 deutscher Leutnant im besetzten Estland war, habe ich ihn auf seinem Bauernhof besucht und ein langes freundschaftliches Gespräch mit ihm gehabt. Was unter der sowjetrussischen Herrschaft aus ihm geworden ist, weiß ich nicht. Doch freut es mich, ihm hier ein Wort dankbaren Respekts zu zollen.

Auch eines anderen Offiziers entsinne ich mich gut,

eines Leutnants, von dem es hieß, er sei »Setukese«, gehöre also einem den Esten nahe verwandten finnisch-ugrischen Stamm orthodoxen Bekenntnisses an, der an den Ufern des Peipus-Sees zu Hause ist. Ich höre noch seinen Akzent, wenn er zu sagen pflegte: »Kjull ma teid öpatan Kallonnis käia« – »Ich werde euch lehren, in Kolonne zu marschieren«. Korrekt ausgesprochen, hätte es heißen sollen: »Küll ma teid öpetan kolonnis käia«.

Das Gleichmaß unseres Schuljahres wurde durch drei festliche Ereignisse unterbrochen: Das herbstliche Limonadenfest, das Abiturientenfest und den Abiturientenaktus. Wie der Name des ersten Festes schon zeigt, war Alkohol in unserer Schule gänzlich verpönt. Nicht ganz im gleichen

Ein malerischer Winkel am Domkirchenplatz.

Maße galt das für den Tabakgenuß. In den eigentlichen Schulräumen war das Rauchen natürlich verboten, doch durften die Schüler der oberen drei Klassen diesem Laster auf der Kellertreppe frönen, die deshalb »der Rauchkeller« genannt wurde. Dieses Sanktuarium wurde von der Schulkalfaktorin Frau Roth überwacht, einer verhutzelten Rußlanddeutschen. Sie hielt in der großen Pause um ein geringes Berliner Pfannkuchen feil und bedrohte uns mit ihrem »nasse Labbe«, wenn wir allzu übermütig wurden.

Die beiden Schulfeste waren einander in manchem ähnlich. Man zog dazu seinen blauen Anzug an und tanzte mit den Elisenschülerinnen. Der unterschiedliche Entwicklungsstand drückte sich darin aus, daß die Tänzerinnen im Schnitt um einen Klassenjahrgang jünger waren als ihre Kavaliere. Zum Tanz aufgespielt wurde von Dagmar von Sivers, einer kleinen grauhaarigen Dame, die eine unermüdliche Tappeuse war. Zum Abiturientenfest, der feineren der beiden Feten, erweiterte sich die Solotruppe von Frau von Sivers um eine Geige und ein Cello zu einem richtigen Wiener Kaffeehaustrio. Wiener Walzer waren es auch vor allem, zu denen wir uns bis zum Umfallen umeinanderdrehten. Die Krönung des Ganzen bildete dann der traditionelle Tourenwalzer, bei dem man nach französischen Kommandos des Vortänzers gemeinsam die verschiedenartigsten Figuren auszuführen hatte. Daneben erfreute sich die »Vengerka«, durch ihren (russischen) Namen als ein Tanz ungarischer Herkunft ausgewiesen, großer Beliebtheit. Auf die elegante, aber schwierige polnische Mazurka verstanden sich in meiner Generation nur noch wenige. Ich kann mich nicht daran erinnern, daß sie auf unseren Festen überhaupt noch getanzt wurde. Von den modernen Tänzen waren uns Foxtrott, Tango und English-Waltz geläufig. Das heutige wilde Treiben, bei dem die Kavaliere ihre Damen auf halsbrecherische Art durch die Luft und im Kreis herum wirbeln, war uns noch unbekannt.

Natürlich gab es auch Tanzordner, kenntlich an langen Bändern in den blau-gelben Schulfarben, die, an der linken Schulter befestigt, beim Walzer hinter ihren Trägern herflatterten. Das Amt des Tanzordners galt zwar als ehrenvoll, war aber nicht unbedingt beliebt. Gewöhnlich führte der eine oder andere von ihnen die Tourenwalzer an. Vor allem aber hatten sie dafür zu sorgen, daß auch die Mauerblümchen zu ihrem Recht kamen und alle Damen nach Hause begleitet wurden. Da gab es manche lange Miene, wenn ein Tänzer dazu abkommandiert wurde, eine der weniger umschwärmten Schönen im Kreise zu schwingen oder heimzubegleiten. Natürlich nahm man Rücksicht auf erkennbare Engagements, doch wenn kein anderer Ausweg blieb, mußte durchgegriffen werden, und der Komment forderte, daß man sich dem Ruf dann auch nicht versagte. Im allgemeinen aber galt auch hier die alte Regel, daß den letzten die Hunde beißen.

Das Heimgeleiten diente, sofern es »Pflicht« war, natürlich dem Schutz der Damen. Eltern mit Autos gab es so gut wie gar nicht. Das Auto war noch ein Luxusartikel, und nur wenige konnten ihn sich leisten. Auch wurde der Führerschein erst mit der Mündigkeit erteilt, dic damals bei 21 Jahren lag. So geleitete man seine Dame brav zu Fuß heim. Die Furcht vor Rempeleien oder gar Überfällen gab es nicht. Selbst im »wilden Osten« war man damals ziemlich sicher. Die gute Sitte forderte übrigens in jedem Fall, daß man nicht nur mit einer einzigen Dame tanzte. Natürlich gab es feste Paare, doch enthob das keineswegs von der Pflicht zum Wechsel.

Eine besondere Einlage bildeten auf dem Abiturientenfest die Couplets, die von den Unterprimanern auf jeden der Maturanden gedichtet und gesungen wurden. Mein Couplet ging nach der Melodie des Walzers »Machen wir's den Schwalben nach« und auf den Text: »Bin ich nicht ein Diplomat, spricht Staden voller Stolz, und auch ein Aristokrat von dem feinsten Holz.« Was das erstere angeht, habe ich mich bemüht, die Voraussage wahr zu machen.

Außerdem veranstaltete und bestritt die Unterprima zu Ehren der Abiturienten eine Theateraufführung. Als die Reihe 1937 an meine Klasse kam, wählten wir die Szene in Auerbachs Keller. Ich spielte dabei die Rolle des Mephisto. Warum diese Wahl gerade auf mich fiel, ist mir bis heute unklar. Doch putzte man mich mit schwarzer Perücke und angeklebtem Bart sowie einem entsprechenden Renaissancekostüm aus der Requisitenkammer des »Deutschen Theaters« schön heraus. Obwohl ich eigentlich ganz stolz auf meinen Auftritt war, bin ich wohl nicht sehr überzeugend gewesen. Kritische Stimmen meinten, das Teuflische sei in meinem Habitus und Wesen nicht genügend ausgebildet. Besondere Schwierigkeiten machte mir übrigens das Flohlied, das ich mit meiner nicht gerade sonoren Stimme auf eine sonderbare Weise singen mußte, die mir heute noch im Ohre klingt.

Übrigens habe ich mich schauspielerisch auch sonst nur mit mäßigem Erfolg betätigt. Wie erwähnt, gab es in Reval das »Deutsche Theater«, aber dort wirkten aus finanziellen Gründen nur wenige Berufsschauspieler mit. Kleinere Rollen wurden durch Laiendarsteller, sogenannte Liebhaber, besetzt. Zuweilen wurden aber auch bedeutende Schauspieler aus Deutschland zu Gastspielen nach Reval entsandt. So erinnere ich mich, daß Otto Gebühr Mitte der dreißiger Jahre erschien, natürlich um Friedrich den Großen zu spielen. Er war im damals ersten Hotel am Platz, dem Goldenen Löwen (Kuld Lövi) in der Schmiedestraße (Harju tän.), abgestiegen und erstaunte die Gäste, wenn er in vollem Wichs und natürlich mit Krückstock durch die Halle schritt, um sich im Taxi zur Vorstellung zu begeben.

Das »Deutsche Theater« zu Reval. Die knappen Mittel erlaubten es nach 1918 nicht mehr, eine größere Berufstruppe zu unterhalten, so daß nicht selten Laien einspringen mußten, mitunter auch die Schüler des Gymnasiums. Zuweilen wurden aber auch bedeutende Schauspieler aus Deutschland zu Gastspielen nach Reval entsandt. So erinnere ich mich, daß Otto Gebühr Mitte der dreißiger Jahre erschien, natürlich um Friedrich den Großen zu spielen. Er war im damals ersten Hotel am Platz, dem Goldenen Löwen in der Schmiedestraße, abgestiegen und erstaunte die Gäste, wenn er in vollem Wichs und natürlich mit Krückstock durch die Halle schritt, um sich im Taxi zur Vorstellung zu begeben.

Als ich sechzehn oder siebzehn Jahre alt war, wurde der Faust gegeben, wozu gleichfalls ein bedeutender Gast aus Deutschland gekommen war. Unter den Liebhabern befand auch ich mich, in der Rolle eines Handwerksburschen im »Osterspaziergang«. Meine Sprechrolle beschränkte sich auf den einen Satz: »Wir gehn hinaus aufs Jägerhaus.« Sehr überzeugend kann ich nicht gespielt haben, denn nachher hieß es, man habe Handwerksburschen erwartet, auf der Bühne erschienen aber sei Berndt Staden …

Auch in anderer Hinsicht war dieser Auftritt kein großer Erfolg. Im »Osterspaziergang« heißt es bekanntlich »Der Schäfer putzte sich zum Tanze usw.«, das heißt, es wird getanzt. Der Einfachheit halber – und um Statisten zu sparen – ließ man die Handwerksburschen gleich mittanzen. Worauf es dabei nun ankommt, drückt der Vers aus: »Sie wurden rot, sie wurden warm und ruhten atmend Arm in Arm«. Leider war ich damals ziemlich blöde, die mir zugeteilte Schäferin, natürlich eine Elisenschülerin, aber durchaus nicht. Ich war ihr nicht temperamentvoll genug, und dieser Unterschied der Temperamente gab ihr später zu einigen spitzen Bemerkungen Anlaß, die mir äußerst peinlich waren.

Doch zurück zum Abiturientenfest. Inmitten der Vorbereitungen zu unserer eigenen Feier kam es zu einem Zwischenfall. Einer meiner Klassenkameraden hatte ein sehr hübsches und damenhaftes junges Mädchen eingeladen. Sie war aber eine Estin, und eben dieser Umstand führte zu Komplikationen.

Die Aufsicht über die Schule war einem aus Honoratioren des Revaler Deutschtums bestehenden Kuratorium anvertraut, dessen Vorsitz Baron M. führte, ein hochangesehener und allgemein beliebter Mann von überaus wohlwollendem Wesen. Dieser würdige Herr nun entbot mich eines Tages zu sich. Das war schon deshalb ungewöhnlich, weil ich ja nicht etwa der erste, sondern der dritte Schulobmann war. Doch war Baron M. zugleich Präsident des Estländischen Gemeinnützigen Verbands, der Nachfolgeorganisation der von Staats wegen aufgelösten Ritterschaft. Da nur ich unter den damaligen Schulobleuten einer Familie des Verbands angehörte, liegt die Vermutung nahe, daß mir eben deshalb der Vorzug zuteil wurde, Teilnehmer des höchst unerquicklichen Gesprächs zu sein, das nun folgte. Nachdem ich auf Befragen bestätigt hatte, daß tatsächlich eine junge estnische Dame eingeladen worden war, wurde mir bedeutet, daß diese Einladung zu widerrufen sei. Dies möge ich meinem Klassenkameraden mitteilen. Mein prinzipieller Protest blieb wirkungslos. Schließlich wies ich darauf hin, daß es sich bei der Dame um die Tochter des Premierministers Eenpalu handele. Selbst das fruchtete nichts. Noch nie, so ließ sich der sonst so milde Präsident sinngemäß vernehmen, habe eine estnische Dame in unserer ehrwürdigen Anstalt das Tanzbein geschwungen. Dabei müsse es bleiben.

Fräulein Eenpalu wurde also ausgeladen. Eine Woche später mußte unser unglücklicher Direktor sich im Bildungsministerium einfinden. Dort eröffnete man ihm, daß die Schule geschlossen würde, falls ein solcher Skandal sich wiederholen sollte. Ein Jahr später wurde Estland von der Roten Armee besetzt.

Den feierlichen Abschluß des Schuljahres bildete der Abiturentenaktus. Ganz vorn in der eigens zu diesem Zweck voll bestuhlten Aula saßen das Schulkuratorium, das Lehrerkollegium und die Eltern der Abiturienten, hinten die Schüler. Die Abiturienten nahmen dort Platz, wo sonst die Lehrer saßen, also neben dem Katheder, das Gesicht dem Auditorium zugewandt. Die Abiturzeugnisse wurden verteilt, und im Anschluß daran hielten zwei der Abiturienten Ansprachen, wobei die Themenwahl frei war. In früheren Zeiten war es üblich gewesen, daß eine dieser Reden in lateinischer Sprache vorgetragen wurde, aber soweit ich mich entsinne, war dieser Brauch zu meiner Zeit Gott sei Dank schon außer Übung gekommen.

In meinem Jahrgang, 1938, fiel es mir zu, einen der Vorträge zu halten. Mein Thema lautete »Das britische Empire«, und die Darbietung wurde freundlich aufgenommen. Den Abschluß der Feier bildete das traditionelle Abschiedslied von Hoffmann von Fallersleben, das vom Schulchor unter der Stabführung von Johannes Gohs dargeboten wurde.

Nun zu guter Letzt geben wir dir jetzt
Auf die Wandrung das Geleite;
Wandre mutig fort, und an jedem Ort
Sei dir Glück und Heil zur Seite.
Wandern müssen wir auf Erden,
Unter Freuden und Beschwerden
Geht hinab, hinauf unser Lebenslauf;
Das ist unser Los auf Erden.

Bruder, nun ade, Scheiden zwar tut weh;
Scheiden ist ein bittres Leiden;
Wer es gut gemeint, bleibt mit uns vereint
So, als gäb es gar kein Scheiden.
Dieser Trost mag dich begleiten,
Manche Freude dir bereiten.
Wenn du bist im Glück, Denk an uns zurück,
Denk an die vergangnen Zeiten!

Bruder, nimm die Hand jetzt zum Unterpfand,
Daß wir treu gesinnt verbleiben:
Redlich sonder Wank, frei von Neid und Zank,
Stets in unserem Tun und Treiben.
Endlich wirds einmal geschehen,
Daß auch wir uns wiedersehen
Und uns wiederfreun und den Bund erneun.
Lebe wohl, auf Wiedersehen!

Als eine Besonderheit gab es an unserer Schule den »Domschul-Paukverein«, dem man als Tertianer beizutreten pflegte. Er hatte mit »Pauken und Trompeten« nichts zu tun, sondern war ein Fechtclub, dessen Angehörige sich solcherart auf den Fechtboden vorbereiteten, der zum Kern des Korpslebens an der Landesuniversität Dorpat gehörte. Gepaukt wurde mit »Schlägern«, wobei der Kopf, der Hals, die Handgelenke und der Leib unterhalb des Brustkastens geschützt waren. Freigegeben waren Schultern, Arme und Oberkörper. Zunächst war man »Fuchs«, stand in einer Reihe und lernte parieren. Geschlagen wurde von den Älteren, die schon »freigepaukt« waren. Anschließend durfte man zuschauen, wie sie sich schlugen, wobei sie ihre Mensuren in einem Kreidekreis ausführten, den der vorgesetzte Fuß nicht überschreiten durfte. Jeder Gang dauerte so lange, bis ein Treffer erfolgt war. Soweit ich mich entsinnen kann, wurden jeweils sechs bis zwölf Gänge ausgemacht.

Die Füchse bedienten sich beim Parieren abgebrochener Rapiere und ernteten häufig Treffer, die unter dem Hemd »Blutwürste« hinterließen, Anschwellungen mit Blutergüssen. Manche Schläger waren besonders gefürchtet, vor allem Korpsstudenten, die als ehemalige Domschüler zu Gast kamen, um die Füchse »Mores« zu lehren. Berühmt und gefürchtet waren vor allem zwei von ihnen, Bernd Hesse und Karl-August Stackelberg. Deren Schläge zu parieren war schon ihrer schieren Kraft wegen kaum möglich.

Ich scheue mich nicht zu gestehen, daß mir die Paukerei keinerlei Vergnügen machte. Von meinen sechzehn Klassenkameraden waren ohnehin nur fünf dem Paukverein beigetreten, und auch ich trat schließlich wieder aus, weil ich von den »Blutwürsten« genug hatte.

Wirkliche Freunde habe ich unter meinen Klassenkameraden eigentlich kaum gehabt, wenngleich mir ihre Namen noch nach 57 Jahren im Gedächtnis sind. Nur in vier Elternhäusern meiner Kameraden habe ich über eine längere Zeit hin verkehrt. Teilweise mag das auch daran gelegen haben, daß unsere Klasse keineswegs homogen zusammengesetzt war. Neben Angehörigen adliger oder anderer »alter« Familien gab es andere, über deren sozialen Hintergrund ich wenig wußte. Arm waren unsere Elternhäuser nach heutigen Begriffen eigentlich alle. Das hatte der Umbruch von 1917/1918 so mit sich gebracht, der einem schweren Erdbeben gleichgekommen war. Dennoch gab es natürlich erhebliche Abstufungen. Der Vater meines Freundes Oskar Ehnbooms, ein besonders netter, gemütlicher Herr, war ein schlichter Hausmeister in einer anheimelnden, aber kleinen Wohnung im Souterrain eines Bürohauses.

Dem Zusammenleben in der Klasse taten solche Unterschiede keinerlei Abbruch. Doch mag es mit ihnen zusammenhängen, daß sich bei uns im Gegensatz zu anderen Klassen kein rechter Gruppengeist entwickelte, der die Schulzeit überdauert hätte. Freilich spielte hierbei auch eine Rolle, daß nur wenige überlebt haben: von meinen siebzehn Mitschülern blieben nach dem Krieg nur noch acht, dazu über ganz Deutschland verstreut.

Das Haus, in dem ich, vor allem während der letzten drei Schuljahre, am häufigsten verkehrte, war das meines Klassenkameraden Ernst Georg von Mueller. Wenn man vom Stadtzentrum bis zum Ende der Pernauschen Straße (Pärnu Maantee) in der Elektrischen fuhr oder die drei Kilometer zu Fuß ging und dann die Straßenbrücke überschritt, unter der die Bahn nach dem Vorort Nömme hindurchfuhr, dann befand man sich damals praktisch schon auf dem Lande. Hier lag, wenige hundert Meter von der Bahnlinie entfernt, im Orte Dunten (Tondi) ein zweigeschossiges, aus Holz erbautes Landhaus inmitten eines großen, ein wenig verwilderten Parks. Das Anwesen gehörte der Großmutter meines Freundes, einer verwitweten Baro-

Reval, Von Tollsches Haus auf dem Domberg.

nin Tiesenhausen, geborene von Dehn, die es mit ihrer ganzen Sippe bewohnte. Die Baronin muß damals an die siebzig Jahre alt gewesen sein, eine mittelgroße, schwarzgekleidete Dame mit scharfen, aber nicht unfreundlichen Zügen und immer noch vollem rotblondem Haar. Ihr Vater war Kommandant von Moskau gewesen und hatte offenbar zu den Deutsch-Balten gehört, die man bei uns »verrusst« nannte – Männer also, die in den Diensten des Zarenreichs die russische Sprache und nicht selten auch das orthodoxe Glaubensbekenntnis angenommen hatten. Die Baronin, die eigentlich nie sehr viel mit den Klassenkameraden ihres Enkels sprach, uns aber immer freundlich begegnete, rauchte Kette, und zwar Papirossy, der damals gängigen Marke »Ahto«. So pflegten wir denn auch nach der bekannten Melodie zu singen: »Wir verrauchen unsrer Oma ihr klein Ahto.« Denn qualmen taten wir wie die Schlote.

Außer der Baronin wohnte ihr Sohn mit seiner Frau im Obergeschoß sowie deren Schwester mit ihrem Mann und die Mutter der beiden Damen. Der Baron Tiesenhausen war ein eher unscheinbarer Mann, von dem ich heute nur noch weiß, daß sein Schwager Vertreter für landwirtschaftliche Maschinen war. Die beiden Damen aber waren hochgewachsen, schlank und ungewöhnlich hübsch. Ich glaubte mich nicht zu täuschen, daß einer meiner Klassenkameraden sich in die eine der beiden heftig verliebte. Ich selbst bewunderte sie aus der Distanz.

Ernst Georg und seine Mutter Ita teilten die Parterrewohnung der alten Baronin. Deren Ehe war lange kinderlos geblieben, so daß sich das Ehepaar am Ende entschlossen hatte, ein Mädchen, nämlich jene Ita, zu adoptieren. Kaum aber war dies geschehen, ging der Wunsch nach einem eigenen Kind in Erfüllung und Baron Tiesenhausen wurde geboren. Ita jedoch blieb in der Familie, heiratete dann einen Herrn von Mueller und zog, nachdem dieser sie verlassen hatte, mit ihrem Sohn Ernst Georg zu ihrer inzwischen verwitweten Adoptivmutter.

In diesem Hause also sollte ich während meiner letzten drei Schuljahre ungezählte Wochenendabende verbringen und bis spät in die Nacht hinein Bridge spielen. Wie diese Leidenschaft über uns kam, weiß ich nicht mehr, doch sie tat es mit Macht, bis sie mir nach dem Krieg merkwürdigerweise wieder gänzlich abhanden kam.

Das Haus, in dem ich, vor allem während der letzten drei Schuljahre, am häufigsten verkehrte, war das meines Klassenkameraden Ernst Georg von Mueller. Bei ihm spielten wir an den Wochenenden bis spät in die Nacht Bridge.

Wir spielten also Bridge, und Ita Mueller wurde für uns eine Art Regimentsmutter. Sie war eine große, etwas füllige, überaus fröhliche und freundliche Dame, ganz und gar nicht betulich, eher unkonventionell. Es war ein eigenartiges Ambiente, nicht zu der Gesellschaft gehörig, in der meine Eltern verkehrten, ein wenig Boheme, wenngleich ohne geistige Prägung, kurzum ein Ambiente, wie ich ihm mit seinem unverkennbaren russischen Einschlag nur im Baltikum begegnet bin. Von Geld wurde nicht gesprochen, doch offensichtlich gab es davon nicht viel. So war die Bewirtung einfach. Meist gab es Makkaroni mit Parmesankäse oder Tomatensoße. Mit diesen Makkaroni aber hat es eine besondere Bewandtnis.

Aus unerfindlichen Gründen konnte ich sie als junger Mensch nicht ausstehen. Ich bildete mir sogar ein, Kopfschmerzen davon zu bekommen. Nun wollte es der Zufall aber, daß Ita uns schon an einem unserer ersten Bridgeabende ausgerechnet Makkaroni vorsetzte. Ihr Sohn bemerkte, seines Wissens könne Staden Makkaroni nicht leiden, woraufhin Ita mich fragte, ob dem tatsächlich so sei. Nun war es damals undenkbar, daß man einer Hausfrau ins Gesicht sagen konnte, man habe eine Aversion gegen das Gericht, das sie einem vorsetzte. So behauptete ich also, Makkaroni sehr zu mögen, und wurde fortan, da man mir glaubte, drei Jahre lang mit ihnen traktiert. Am Ende mochte ich sie dann wirklich.

Einen ähnlichen Zwang der damaligen baltischen Erziehung hatte ich übrigens schon früher zu spüren bekommen. Als ich etwa sechs oder sieben Jahre alt war, wurde bei unseren Nachbarn, einer Familie von Dehn, Kindergeburtstag gefeiert, wozu auch ich eingeladen war. Es gab Schlagsahnetorte, und die gastfreie Hausfrau wurde nicht müde, uns immer wieder davon anzubieten. Da mir von meiner Mutter eingeschärft worden war, es sei unhöflich, als Gast eine angebotene Speise abzulehnen, beantwortete ich jedes Angebot mit dem bei uns üblichen »Ja, bitte« und verdrückte mit wachsender Verzweiflung und zur steigenden Verwunderung der Hausfrau ein Stück Schlagsahnetorte nach dem anderen. Schließlich wurde mir schlecht, und ich stürzte, ohne mich zu verabschieden, heulend nach Hause. Der Gewöhnungseffekt blieb in diesem Fall allerdings aus: Es hat Jahrzehnte gedauert, bis ich ohne Widerwillen Schlagsahne essen konnte.

Bildung

Zu den Selbstverständlichkeiten gehörte in der Familie meiner Großmutter Girgensohn, daß man ein Instrument spielte, in der Regel Geige oder Klavier. Das entsprach nicht nur dem heute so viel gescholtenen bürgerlichen Bildungsideal, sondern auch praktischen Bedürfnissen, denn in streng christlichen Haushalten bedurfte man der Klavierbegleitung zum Choralgesang. Aber auch zur Unterhaltung standen elektronische Medien ja noch lange nicht zur Verfügung. In meiner Kindheit kamen die ersten Grammophone auf, die man mit einer Kurbel aufziehen mußte und mit denen man »Langspielplatten« von etwa zehn Minuten Dauer abspielen konnte, die überdies sehr teuer waren. In Kurküll beispielsweise gab es außer normalen Platten mit Tanzmusik gerade zwei solcher Langspielplatten, die sich mir dementsprechend unauslöschlich eingeprägt haben: die zweite ungarische Rhapsodie von Liszt und Toccata und Fuge für Orgel von Bach. Später kam Schuberts Unvollendete hinzu, die mich schon damals langweilte. Auch Radios gab es in meiner Kindheit schon, doch auch sie waren von heutigem Standard noch weit entfernt. Für die ältere Generation aber und gar die meiner Großmutter mußte Hausmusik alles ersetzen, was uns heute an Multimedia geboten wird.

Es wurde also beschlossen, daß ich Klavierstunden nehmen sollte, und eine Lehrerin war auch gleich zur Hand. Über uns wohnte ein freundliches Fräulein Sengberg mittleren Alters. Wie alle Bewohner der Scheelschen Häuser arbeitete sie in der Bank, spielte überdies aber gut Klavier und nannte einen Flügel ihr eigen. Bei ihr kam ich in die Lehre. Das Unglück wollte nur, daß wir selber kein Klavier besaßen, so daß ich in Fräulein Sengbergs Wohnung auch üben sollte, während sie in der Bank war. Daraus ist nicht viel geworden.

Das Herzstück der damaligen Klavierschule waren endlose Fingerübungen und Etüden, die mich maßlos anödeten. Außerdem war ich schlicht und einfach faul. Um so mehr interessierten mich Westermanns Monatshefte und die von Velhagen und Clasing, auf die meine bildungsdurstige Präzeptorin abonniert war. So frönte ich, statt Klavier zu üben, meiner Leidenschaft zu lesen. Nachdem ich dann in zwei Jahren über den »Fröhlichen Landmann«, das Paradestück aller Anfänger, nicht hinausgekommen war, erlahmte die pädagogische Energie meiner Mutter, und wir gaben auf.

Es gibt unter den vielen Versäumnissen, deren ich mich schuldig gemacht habe, wenige, die ich mehr bereut hätte. Musik ist ein unvergleichliches Mittel, Gefühle auszudrücken. Immer und immer wieder im Lauf der Jahre habe ich mir gewünscht, darüber zu verfügen. Besonders in Augenblicken des Kummers oder großer Ergriffenheit kam ich mir oft geradezu stumm vor, weil ich meinen Gefühlen nicht musikalischen Ausdruck verleihen konnte.

Erfolgreicher ließ sich meine geistige und moralische Bildung an. Während ich an meinen Erinnerungen schreibe, lese ich diejenigen von Manès Sperber, der seine Kindheit in der unsagbaren Armut und Enge des galizischen Schtetl verbrachte. Dort besuchte man aber schon vom fünften Lebensjahr an die Talmudschule, lernte, die Texte zu lesen und zu memorieren und die Spannung zwischen religiös bedingter intensiver Geistigkeit und äußerstem materiellem Elend zu erleiden. Sperber wurde dann als junger Mensch in Wien Agnostiker, Psychologe, Mitglied der KP und Revolutionär. Ein größerer Gegensatz zu mir ist kaum denkbar. Dabei mögen wir intellektuell gar nicht so weit voneinander entfernt gewesen sein. Aber der Mensch wird durch sein Umfeld geformt. Seine Anlagen mögen genetisch bedingt sein – was er daraus machen kann, hängt weitgehend vom Milieu ab.

Mein Elternhaus, geprägt durch die teilweise widersprüchlichen Lebensformen deutsch-baltischer *landed gentry* und protestantischen Literatentums, war nicht eigentlich geistigen Fragen zugetan. Mein Vater, zu seiner Zeit ein brillanter Schüler und ein Mann von gesundem Menschenverstand, ermangelte dessen, was man höhere Interessen nennt. Er lebte ganz in den Ehrbegriffen seines Standes, wie Tolstoi sie in »Anna Karenina« so meisterhaft dargestellt hat, doch über deren ethische Grundlagen reflektierte er nicht. Meine Mutter dagegen, eine sehr intelligente Frau, verfügte über die schöngeistige Bildung der höheren Tochter ihrer Zeit und hatte mancherlei Interessen in diesen Dingen, doch ging das alles nicht allzu tief. Zwar war es ihr in hohem Maße gegeben, geistvolle Männer zu inspirieren, wie ihren Freund Helmut Schulmann, ihren zweiten Mann Georg Stackelberg oder, in noch späterer Zeit, den genialen Psychiater Walter von Holst. Doch beruhte das nicht so sehr auf geistigem Austausch. Vielmehr war die schöne und intelligente Frau ein Resonanzboden, in dem ihre Gesprächspartner gleichsam sich selbst wiederfanden.

Die Grundhaltung meines Elternhauses war konservativ. Monarchistisch zu sein verstand sich von selbst, ohne daß man Nikolaus II. oder Wilhelm II. eine Träne nachgeweint hätte. Man dachte und empfand ständisch, allerdings nicht in einem engherzigen Sinne. Das Gefühl für Klasse, für Niveau war sehr ausgeprägt, aber doch eher an Erziehung, Komment und gesellschaftliche Formen gebunden als an Herkunft. Was nicht ganz zu Unrecht als baltische Arroganz empfunden worden ist, war zwar tatsächlich recht ausgeprägt, doch weitgehend unbewußt. Man war ja eine Oberschicht, zumindest war man es gewesen. Und man fühlte sich dem Umfeld überlegen, vor allem den als korrupt geltenden russischen Beamten, von den Esten, den Hintersassen von gestern, ganz zu schweigen. Damit verband sich ein – subjektiv – untrügliches Gespür für *comme il faut* im Gegensatz zur Vulgarität. Das ergab eine Exklusivität dieser winzigen, in sich geschlossenen Welt, die in der Form diskret und inoffensiv, in der Sache unerbittlich gewahrt wurde. Der Fremde mit dem falschen Stallgeruch konnte eines liebenswürdigen, von Neugierde nicht freien Entgegenkommens ziemlich sicher sein und sich nach drei Monaten gar akzeptiert wähnen, um nach drei Jahren jedoch festzustellen, daß er im Grunde dauernd ausgeschlossen blieb.

Materiell war der Zuschnitt des Elternhauses und der Gesellschaft, in der meine Eltern sich bewegten, bescheiden. Doch mit wahrer Not, etwa im proletarischen Milieu, wurde der Heranwachsende nie konfrontiert. Nicht, daß man sich von dieser Welt bewußt distanziert oder gar abgewandt hätte, nein, sie war im Bewußtsein schlechthin nicht existent.

Dieses Weltbild blieb in meinem langen Leben in seinen Grundzügen ziemlich konstant, oszillierend zwischen patriarchalischem Sozialismus im sozialpolitischen und konservativem Liberalismus im gesellschaftlichen Bereich. Alles fürs Volk, nichts durchs Volk, war eine Parole, die der

Unreife gern wiederkäute. Andererseits war ich schon in jungen Jahren davon überzeugt, daß die Zukunft einer Art Reformsozialismus gehören würde. Sperber bewundere ich zwar, aber das radikale linke Ambiente, in dem er sich während seiner entscheidend prägenden Jahre bewegte, hat mir zeitlebens Unbehagen bereitet. Ähnlich zuwider aber waren mir Standesdünkel, Klassenegoimus und Intoleranz aller Art, nicht zuletzt die, die sich heute unter der Tarnung der politischen Korrektheit verbirgt.

Früh schon wurde ich ein leidenschaftlicher Leser. Dadurch eignete ich mir eine Allgemeinbildung an, die bei den Urteilen, die im späteren Leben über mich abgegeben werden sollten, immer wieder hervorgehoben worden ist – womit sich aber nicht selten das zweischneidige Kompliment verband, daß ich ein hervorragender Theoretiker sei. Auch blieb ich immer ein Generalist, dessen Kenntnisse mehr in die Breite gingen als in die Tiefe. Statt Diplomat hätte ich auch Journalist werden können, nicht aber Wissenschaftler. Niemand hat das so klar gesehen wie Benita Girgensohn, geborene Schottlaender, in deren Haus ich fast fünf Jahre leben sollte. Sie war eine enge Freundin meiner Mutter und wohl die intelligenteste Frau, der ich begegnet bin. Als meine Mutter ihr voller Stolz erklärte, ich würde wohl Wissenschaftler, lachte die Tante Benita nur. »Dazu ist Berndt viel zu oberflächlich«, lautete ihr Verdikt.

Mein Interesse wandte sich denn auch bald der Geschichte zu, die viel Anregung bei vergleichsweise geringer geistiger Anstrengung bot. Aber auch Literatur fesselte mich. Mit Begeisterung las ich Selma Lagerlöfs »Gösta Berling«, »Soll und Haben« von Gustav Freytag, »Ein Kampf um Rom« von Felix Dahn und ein Buch mit dem Titel »Kaiser, König und Papst«, das von Konradin, dem letzten Hohenstaufen, handelte. Aber auch Sienkiewcz' »Quo Vadis?«, Bulver-Lyttons »Die letzten Tage von Pompeji« und nicht zuletzt »Ben Hur« von Lewis Wallace gehörten zu meiner Lieblingslektüre. Ob ich die über alles geliebte »Forsyte Saga« von John Galsworthy schon als Gymnasiast oder ein wenig später gelesen habe, vermag ich nicht mehr zu sagen.

An Sachbüchern sind mir eine Leibnizbiographie von Egmont Colerus und die »Berühmten Weltfahrer« von Alfons von Czibulka besonders in Erinnerung. Vor allem aber legte ich mir eine Sammlung politischer Biographien zu, auf die ich sehr stolz war. Da gab es eine Metternich-Biographie von Tritsch und später die schon erwähnten Werke von Heinrich von Srbik und Duff Cooper und, vor allem, Thomas Carlyles großartige Geschichte Friedrichs des Großen, dessen Gestalt mich bis heute fasziniert.

Mein Held aber sollte für lange Zeit Metternich werden. Seine konservative Politik, deren reaktionärer Charakter mir zunächst nicht ins Bewußtsein trat, seine Kunst der Balance, deren mangelnde Stabilität ich erst später begriff, sein Gefühl für Maß, für die Erhaltung des Bestehenden – all dies entsprach durchaus meiner Gesinnung und Gemütslage. Demgegenüber blieb Talleyrand mir zu sehr der erfindungsreiche, aber grundsatz- und visionslose Manipulator. Seine geistreichen Bonmots allerdings, mit denen Generationen diplomatischer Adepten gefüttert worden sind, gefielen mir damals sehr.

Wie unreif ich politisch selbst zum Ende meiner Schulzeit noch war, zeigt die Faszination, mit der ich eine 1936 auf deutsch erschienene Biographie Wilhelms II. las. Ihr Autor, J. Daniel Chamier, war Engländer, und sie trug den schönen Titel: »Ein Fabeltier unserer Zeit«. Ich begann mich lebhaft für Wilhelm II. zu interessieren, ja zu erwärmen, und hatte noch als Student der Geschichte in Bonn 1938/39 die Absicht, über ihn zu arbeiten. Die gefährliche Disziplinlosigkeit dieses begabten, aber oberflächlichen und schwachen Regenten blieb mir damals verborgen. Ebenso bewunderte ich den Intriganten Holstein als Graue Eminenz im Auswärtigen Amt, ohne seine verhängnisvolle Rolle in der Außenpolitik des Wilhelminischen Deutschland zu erfassen. Mit besserem Grund bewunderte ich Benjamin Disraeli, der mir in der Biographie von André Maurois entgegentrat.

Natürlich reift das Urteil in einem langen Leben, und über vieles, was ich damals bewunderte, kann ich heute nur lächeln. Doch die Grundstruktur der Weltsicht, wie sie sich während der prägenden Jahre eines Menschen herausbildet, bleibt. Ich war von Schillers »Don Carlos« begeistert und auch vom ersten Teil des »Faust«. Mit dem zweiten Teil konnte ich nie etwas anfangen. In den Gymnasialjahren machte ich übrigens auch Bekanntschaft mit Ernst Jünger. Seine Bücher »Das abenteuerliche Herz«, »Auf den Marmorklippen«, vor allem aber »Afrikanische Spiele« haben mich hingerissen. »In Stahlgewittern« dagegen habe ich nie angefaßt, ebensowenig »Der Arbeiter«. Auch für philosophische und theologische Fragen entwickelte ich schon früh ein Interesse. Kant und Schopenhauer aber waren mir zu hoch. Dagegen haben mich Senecas Briefe an Lucilius tief berührt. Zusammen mit »Das abenteuerliche Herz«, dem »Faust« und einer Sammlung der ukrainischen Erzählungen von Gogol habe ich sie später in Rußland im Tornister mit mir geführt.

Kurküll

Das Stiftsgut Finn, das mein Onkel Ricko Harpe bewirtschaftete, war nur zwölf Kilometer von dem weiter südlich gelegenen Gut Kurküll (Küti) entfernt, das Baron Georg Stackelberg aus dem Haus Lassinorm gehörte. Er war einer der drei Kuratoren des Stifts Finn und besuchte Harpes schon in dieser Eigenschaft des öfteren. Überdies aber war er mit meiner Tante Helen befreundet; sie bewunderte den Verstand des um fast zwanzig Jahre älteren Mannes, er fand die Gesellschaft der immer noch jugendlichen und amüsanten Frau anregend. Durch Tante Helen lernte auch Mama ihn kennen. Diese Begegnung sollte ihrem Leben eine neue Richtung geben und meine Entwicklung nachhaltig beeinflussen.

Onkel Georg, Jahrgang 1872, war der zweite von sieben Brüdern und das dritte von zehn Geschwistern des Hauses Lassinorm der Familie Stackelberg. Niemand hat Estland für mich so verkörpert wie diese Geschwister, zumal die vier Brüder, die ich gekannt habe: Georg, Nikolai (Nicko), Rudolf (Rua) und Bengt. Das mag nicht einmal allein an ihrer Persönlichkeit gelegen haben, sondern auch daran, daß mir ausreichende Vergleichsmöglichkeiten fehlten. Als Kind lernt man ja die Freunde seiner Eltern meist nur oberflächlich kennen. Nähere Verwandte aber hatten wir, außer Harpes, in Estland nicht, denn meine Eltern stammten ja beide aus Livland.

Jedenfalls repräsentierten die Lassinormschen Stackelbergs für mich die Lebensart, den Stil, die Weltsicht der Estländer in reinster Form. Repräsentativ aber waren sie auch für die verschiedenen Nuancen estländischen Selbstverständnisses.

Henry, der Älteste, war gegen Ende des Ersten Weltkrieges nach Deutschland gegangen, dort Offizier geworden und im Reich geblieben. Es hat, wie ich hörte, deswegen Spannungen unter den Brüdern gegeben, die meines Wissens erst in den dreißiger Jahren bei einem Zusammentreffen im Revaler Aktienclub behoben worden sind.

Auch Onkel Georg, der nächste der Brüder, empfand sich ganz selbstverständlich als Deutscher. Aber dieses Selbstverständnis war nicht nationalpolitisch fundiert, sondern ständisch, landesgeschichtlich und kulturell. Man gehörte einem alten adligen Geschlecht deutscher Her-

Gut Kurküll von der Anfahrtsseite aus gesehen. Georg Stackelberg hatte von Anfang an nicht das 1930 schon halb verfallene eigentliche Herrenhaus bezogen, sondern das frühere Verwaltershaus, das mit seinen dreizehn Räumen genügend Platz bot.

kunft an, man sprach deutsch, hatte teil an der deutschen Kultur. Man war Angehöriger einer Oberschicht, die sich für die Eigenständigkeit und den deutschen Charakter der Heimat verantwortlich gefühlt hatte, solange das möglich war. Doch der Gedanke, sich politisch mit dem Deutschen Reich zu identifizieren, wäre Onkel Georg nie gekommen. Die Reichsdeutschen waren ihm im Grunde fremd, und er fühlte sich zu ihnen nicht hingezogen. Deutschland war weder sein Staat noch sein Vaterland. Vor 1918 war er Angehöriger der estländischen ritterschaftlichen Landesverwaltung gewesen, danach Abgeordneter im ersten estnischen Parlament. Bis zum Umbruch von 1918 gehörte seine Loyalität der Provinz, danach trotz der Güterenteignung der jungen estnischen Republik, in beiden Varianten also der Heimat.

Onkel Georg hat das erste Jahr der nationalsozialistischen Herrschaft in Deutschland gerade noch erlebt. Aber damals und später hätte er sich mit deren Ideologie nie befreunden können. Das hätte ihm schon sein zutiefst aristokratisches Lebensgefühl verboten. Doch auch Deutschnationaler wäre er nicht gewesen. Dazu wiederum war er viel zu sehr Kosmopolit. Was ihn und seine Brüder vom deutschen und nicht zuletzt vom preußischen Adel unterschied, war unter anderem die Abwesenheit jeglichen militaristischen Zuges. Dabei waren zumindest Nicko und Bengt russische Offiziere gewesen. Aber davon machte man kein Aufhebens, und auch in den gesellschaftlichen Formen führte man sich durchaus zivil auf. Hackenklappen war verpönt, Verbeugen aus dem Nacken unbekannt und das Zutrinken mit dem Glas am dritten Knopf des Uniformrocks wurde still belächelt.

Auch Onkel Georgs jüngerer Bruder Nicko fühlte sich

wohl als Deutscher, doch war seine Hinneigung zum Russentum der eigenen Gesellschaftsschicht deutlich spürbar. Er war praktisch zweisprachig, und seine Frau Olly fühlte sich eher als Russin. Puschkin dürfte ihnen vertrauter und vor allem lieber gewesen sein als Goethe. Auch war Nickos Verhältnis zu den Reichsdeutschen noch kritischer als das von Onkel Georg. Das ging so weit, daß Nicko sich wenig erbaut zeigte, als einer seiner Neffen eine Ostpreußin aus großem Hause heiratete. Als er diese ausnehmend vornehme und liebenswürdige junge Frau dann kennenlernte, nahm ihr Charme ihn allerdings völlig gefangen.

In noch stärkerem Maße dem Russentum zugewandt war der nächste Bruder Rua. Mir ist selten ein Mann von so bezauberndem Wesen begegnet, elegant, gutaussehend, weltmännisch, ein *causeur achevé*. Er war als Zeremonienmeister am Petersburger Hof die rechte Hand des Grafen Fredericks gewesen, des Ministers des Kaiserlichen Hauses, und wohl auch dessen präsumtiver Nachfolger. Nach dem Krieg dann hatte er sich als erfolgreicher Baumwollkaufmann in Helsinki niedergelassen, wo seine Kinder die schwedische Schule besuchten. Er selbst aber war viele Jahre lang der Vorsitzende des Verbands der weißrussischen Emigranten in Finnland, woran sich erkennen ließ, daß er sich in erster Linie als einer von ihnen sah.

Der jüngste Bruder schließlich, der behäbige nette Bengt, der »Bär«, wie Freunde ihn auch nannten, fühlte und dachte ganz russisch. Da er auch mit einer Russin verheiratet war – der bezaubernden Tante Moussia mit dem großen Herzen –, wurde in der Familie überwiegend russisch gesprochen.

Kurküll lag im Herzen der sogenannten wierländischen Güterecke um die Kreisstadt Wesenberg (Rakvere). Der Zufall hatte es gefügt, daß es gerade in dieser Gegend einigen Gutsbesitzern gelungen war, sich Betriebe zu erhalten, auf denen dem alten Lebensstil wenigsten eine Art Nachglühen beschieden war. An sich stand nur den Teilnehmern am estnischen Freiheitskrieg eine Restparzelle am ehemaligen Besitz zu, deren Größe in der Regel 50 Hektar nicht überschreiten durfte. Durch Zusammenlegung solcher Parzellen innerhalb der Familie oder durch Zupacht war es aber einigen Gutsherren möglich gewesen, ihren Besitz zu arrondieren. Andere erfuhren aus wirtschaftlichen Gründen eine Sonderbehandlung, wie etwa die bekannten Viehzuchtbetriebe Wiso (Viisu) und Pödrang (Pödrangu) der Familie Harpe oder Udeva des Barons Bernhard Maydell.

Auch Kurküll bildete einen Sonderfall. Onkel Georg hatte der jungen estnischen Republik in ihren Gründerjahren und besonders während des Freiheitskrieges bedeutende Dienste geleistet. Unter anderem hatte er maßgebend an der Aufstellung des Baltenregiments und dessen Einordnung in die estnische Armee mitgewirkt. Aber schon vor der Wende war er, unter Hinnahme herber Kritik, für eine Verständigung mit den Esten in der Agrarfrage eingetreten, und er verfügte über ein gutes Verhältnis zu einer Reihe führender Persönlichkeiten des neuen Staats. In Anbetracht seiner Verdienste hatte ihm die Regierung gestattet, das Ackerland seines ehemaligen Gutes vom Staat zurückzupachten. Wie die meisten südwierländischen Besitzungen war Kurküll vornehmlich ein Waldgut gewesen. Von den ursprünglich 5000 Hektar waren nur 450 Hektar Ackerfläche übriggeblieben. Auch damit überstieg Kurküll den Umfang der meisten Restgüter in der wierländischen Güterecke bei weitem, deren Durchschnittsgröße bei etwa 100 bis 150 Hektar gelegen haben dürfte.

Zum Betrieb gehörten zwölf Gespanne Ackerpferde, zwei Traktoren und eine friesische Zuchtherde von 100 Köpfen. Sie war Onkel Georgs Augapfel, und er tat sich auf das Stallgebäude einiges zugute, das er nach den damals modernsten Plänen hatte errichten lassen. Als Viehfutter wurde vor allem Schlempe verwandt, die beim Betrieb der gutseigenen Spiritusbrennerei abfiel. Ein eigenes Sägewerk verarbeitete die Stämme aus den einst zum Gut gehörenden Wäldern, die nun Eigentum des Staates waren. Dieses Sägewerk lieferte, wenn in Betrieb, auch den elektrischen Strom für die Beleuchtung des Wohnhauses.

Im Fahrstall standen die Füchse Neon und Orlik, Onkel Georgs ganzer Stolz. Mit ihnen konnte er die zwanzig Kilometer auf der teils geschotterten, teils mit Kopfsteinen gepflasterten Straße zur Kreisstadt Wesenberg in fünf Viertelstunden machen. Sommers fuhr er in der Kalesche, bei Regen wohl auch im Coupé, winters im Schlitten, mit Kutscher Eedi in Livree auf dem Bock. 1931 kaufte Onkel Georg sich ein Coupé der Marke Ford, und Eedi vertauschte die Livree mit einer schmucken grauen Chauffeursuniform mit Schirmmütze und blauer Paspelierung.

Ferner standen Onkel Georgs geliebte Fuchsstute Bella und eine weitere Stute namens Stella im Stall, auf der Onkel Georgs zweite Tochter Anita zu reiten pflegte. Wie ihr Vater saß sie vorzüglich zu Pferde.

Georg Stackelberg hatte die Bewirtschaftung von Kurküll schon in jungen Jahren vom »alten« Onkel Georg übernommen, einem Junggesellen, dessen Neffe und Erbe er war. Das hatte ihn daran gehindert zu studieren, wozu er seiner ganzen Veranlagung wie auch seinen Neigungen nach eigentlich prädestiniert gewesen wäre. Er hatte von Anfang an nicht das eigentliche Herrenhaus, das 1930 schon halb verfallene »große« Haus bezogen, sondern das frühere Verwalterhaus, das er ausbaute. Mit dreizehn Räumen bot es genügend Platz, auch wenn man es nicht gerade ein Herrenhaus nennen konnte. So fehlte etwa der obligate Saal, an dessen Stelle es nur ein geräumiges Wohnzimmer gab, das sogenannte Spielzimmer, in dem Onkel Georgs drei Töchter in der Kindheit gespielt hatten. Auch das Speisezimmer faßte meiner Erinnerung nach nicht mehr als zwölf bis vierzehn Personen. Im Parterre befanden sich außerdem noch Onkel Georgs gemütliche Bibliothek, in der auch sein Schreibtisch stand, sowie der Salon der Hausfrau. Dieser im strengen Jugendstil eingerichtete Raum blieb seit dem Tode von Onkel Georgs erster Frau im Jahre 1929 unbenutzt. Erst meine Mutter sollte ihn, mit ihren eigenen Möbeln ausgestattet, wieder in Gebrauch nehmen. Schließlich gab es im Erdgeschoß noch die Schlafzimmer des Hausherrn und der Hausfrau sowie ein Gästezimmer.

Georg Baron Stackelberg-Kurküll im Dogcart, um 1925.

Im ersten Stock hatten die drei Töchter ihre Räume, daneben gab es ein weiteres Gästezimmer und zwei Räume für Hausangestellte, für Dienstboten, wie man damals sagte.

Der Kutscher Eedi hatte ein eigenes Haus, und der Diener August nächtigte in einem noch erhaltenen Flügel des großen Hauses, in dem sich auch die Wohnung des deutschen Gutsinspektors, Herrn Schewe, befand.

Wenn das Sägewerk stillstand und das Haus keinen elektrischen Strom erhielt, behalf man sich mit Petroleumlampen. In einigen Schlafzimmern gab es fließendes Wasser, das morgens von August mittels einer Handpumpe in ein Reservoir unter dem Dachstuhl gepumpt wurde. Badezimmer gab es nur eines; wollte man baden, mußte der Badeofen mit Holz geheizt werden. Mit Holz brannten auch die Kachelöfen, die das Haus heizten, sowie der große Herd in der geräumigen Küche. Dem Hausherrn aber füllte August allmorgendlich eine Sitzbadewanne, ein sogenanntes »tub«, mit heißem Wasser, das er aus der Küche herbeischleppte.

Onkel Georg war in erster Ehe mit Carmen de Vedia verheiratet gewesen, einer Argentinierin aus großem Hause. Sie war eine von drei Schwestern, die alle bemerkenswerte Schönheiten gewesen sein müssen und mit ihrer Mutter zeitweilig in Dresden lebten. Dort hatte einer der Brüder Stackelberg sie kennengelernt und sich mit einer von ihnen verlobt. Bei der Hochzeit, die in Estland gefeiert wurde, lernten zwei andere Brüder, einer davon Onkel Georg, die Schwestern kennen, und so kam es am Ende zu drei Ehen zwischen den Stackelbergs und den de Vedias. Zwei dieser Verbindungen war lebenslange Dauer beschieden, Onkel Nicko aber hatte sich nach wenigen Jahren von seiner argentinischen Frau wieder getrennt.

Seit dem Tod seiner ersten Frau lebte Onkel Georg mit

zwei seiner Töchter zusammen. Die älteste, Maria Delfina, genannt Marulli, war nach Berlin gegangen, wo sie als Sekretärin arbeitete. Sie kehrte nur selten, während des Urlaubs, nach Hause zurück. Die zweite, Anna Valerie, genannt Anita, führte ihrem Vater den Haushalt. Als ich sie kennenlernte, war sie 25 Jahre alt und eine der faszinierendsten Erscheinungen, die mir je begegnet sind. Groß, von blendender Gestalt und raubtierhafter Eleganz, beeindruckte sie durch die Schönheit ihrer Züge. Tiefschwarzes Haar, dunkle Augen und ein dunkler Teint gaben ihrem Äußeren fast etwas Indianisches. Demgegenüber verkör-

Berndt von Staden im Alter von etwa zwölf Jahren, zusammen mit Anita und Georg von Stackelberg.

perte die jüngste der Schwestern, Dora, genannt Dotsy, auch sie bildschön, eher den andalusischen Typ. Sie war eine begnadete Pianistin und verbrachte, durch und durch eine Künstlernatur, ihre Tage überwiegend am Klavier.

Ich selbst kam Ende 1930 im Alter von elf Jahren aufgrund meines Drüsenfiebers nach Kurküll. Mein Arzt war der Ansicht, eine Liegekur in kalter Schneeluft sei die beste Therapie, und Onkel Georg schlug Mama vor, es mit Kurküll zu versuchen. Rückschauend bin ich mir gewiß, daß seine beginnende Neigung zu Mama ihm damals den Gedanken eingegeben hat. Doch mir blieb das natürlich verborgen, und auch meine Mutter dürfte sich dessen allenfalls undeutlich bewußt gewesen sein. Sie war damals noch überzeugt, daß ihre Ehe auf festem Grund stand.

Wochenlang, vielleicht waren es Monate, lag ich während der kurzen Sonnenstunden des nordischen Winters im verschneiten Garten, in Decken und Pelze gehüllt. Der erhoffte Heilerfolg trat ein. Vor allem aber begann damals meine große Zuneigung zu Onkel Georg, die sofort auf Erwiderung stieß. Die daraus entstehende Freundschaft dauerte nur vier Jahre, bis zu Onkel Georgs allzu frühem Tod. Doch hat sie mich wohl mehr geprägt als jede andere Beziehung in meinem Leben.

Im Jahre 1930 war Georg Stackelberg 57 Jahre alt, wirkte aber ein wenig älter. Nicht sehr groß, von schlanker Gestalt, war er nicht gerade eine imponierende Erscheinung. Überdies hatte er einen ziemlich runden Kopf, dem er wohl auch seinen Spitznamen verdankte. Sein jüngerer Bruder Otto hatte seinen eigenen Namen in kyrillischen Buchstaben wie Ommo geschrieben. Prompt nannten die Estländer den rundköpfigen Georg »Pommo«. Er selbst mochte diesen Namen nicht, und daher wurde er auch in seiner Gegenwart nicht gebraucht. Sonst aber sprach man allenthalben nur von Pommo Stackelberg. Ohne schön zu sein, wirkten seine feinen Züge doch sehr aristokratisch, und das galt auch von seiner ganzen ein wenig gebeugten Gestalt. Sein Haar war stark gelichtet und von unbestimmtem Blondgrau. Die grauen Augen, klein, mit blonden Wimpern, neigten zu einem auffälligen Blinzeln. Onkel Georgs Stimme, leise und ein wenig belegt, klang sehr angenehm, und den eleganten Bewegungen seiner schönen Hände zu folgen war ein Vergnügen.

Da er tagsüber oft über seine Felder ritt, pflegte Onkel Georg auf dem Lande braun- oder graukarierte Reitanzüge zu tragen, dazu braunlederne Reitgamaschen, eine Mütze und eine Fliege. Zum Abendessen zog er sich immer um und erschien im schwarzen Anzug mit weißem Hemd. In der Stadt sah man ihn oft im »Stresemann«, einem schwarzem Jackett mit gestreifter Hose, und mit Melone. Dazu führte er seinen schwarzen Ebenholzstock mit silbernem Knauf bei sich, nur zur Zier übrigens.

Vielleicht weil er keine eigenen Söhne hatte, verhielt Onkel Georg sich alsbald wie ein älterer Freund oder eben wie ein Pflegevater zu mir. Ähnlich wie mein Onkel Moritz Wrangell in Ruil hatte Onkel Georg die unter Männern nicht häufige Gabe, Kinder wirklich ernst zu nehmen und nicht bloß so zu tun. Während meiner Kur durfte ich sogar in seinem Zimmer schlafen, und wir führten, besonders des Morgens, endlose Gespräche. Worum es dabei ging, kann ich nach all den Jahren nicht mehr sagen. Aber es war das erste Mal, daß ein Erwachsener sich ernsthaft mit mir unterhielt, auf mich einging und mich an seinen Erfahrungen, Kenntnissen und Einsichten teilhaben ließ. Es war eine ganz neue Erfahrung, die mich glücklich und stolz machte. Zweifellos haben Wesen und Einstellung dieses gebildeten und vornehm denkenden Mannes mich nachhaltig beeinflußt.

An Onkel Georg war nichts Spießiges, und dennoch war er frei von jeder junkerlichen Allüre. Er war ein begabter Reiter, aber auch bekannt für seine sensible Hand im Umgang mit Pferden. Ein vollendeter Gastgeber bei Jagden, war er doch selbst kein passionierter Schütze. Als Gesellschafter geistreich und von bestrickender Liebenswürdigkeit, blieb er im letzten doch zurückhaltend und distanziert. Über Klatsch war er selbst erhaben, obwohl er ihn vor allem bei Damen lächelnd duldete, und sogenannte Herrenwitze gab er niemals zum besten – das verbot schon sein ausgeprägtes Gefühl für Stil und Ästhetik. Er trank wenig und rauchte nicht unmäßig. Dafür las er um so mehr. Insgesamt wich er vom Durchschnitt seiner Standesgenossen deutlich ab. Diejenigen, die ihn gut kannten, respektierten ihn, andere hielten ihn für zu weich.

Für mich aber hätte es keinen besseren Mentor geben können. Im Wesen entsprach er genau dem, was meiner Natur am besten lag. Auch im Hinblick auf unsere geistigen Neigungen war das nicht anders. Onkel Georg, der Nichtstudierte, war ein hochgebildeter, vielseitig interessierter Dilettant. Eben darauf lief auch meine Veranlagung hinaus.

Georg Stackelbergs große Leidenschaft galt zeitlebens der Politik. Er brachte dafür auch die Begabung mit, und dennoch blieb er glücklos. Mit seinen liberalen Urteilen, seiner Einsicht, daß es allen Gegensätzen zum Trotz lebenswichtig war, den Ausgleich mit dem estnischen Staatsvolk zu suchen, war er seinen Standesgenossen, zumindest den meisten unter ihnen, weit voraus. Er stieß auf Kritik, teilweise auf schroffe Ablehnung, wurde »der rote Baron« genannt und resignierte schließlich.

Anfang der dreißiger Jahre überredeten ihn Freunde, für das Amt der Präsidenten der Estländischen Deutschen Kulturselbstverwaltung zu kandidieren. Wider sein besseres Gefühl konnte er nicht widerstehen und wurde dann

Vielleicht lag es auch daran, daß er keine eigenen Söhne hatte, daß sich Onkel Georg Stackelberg meiner bald wie ein Freund oder eben wie ein Pflegevater annahm. Er hatte die unter Männern nicht häufige Gabe, Kinder wirklich ernst zu nehmen und nicht bloß so zu tun. Während meiner Kur durfte ich sogar in seinem Zimmer schlafen, und wir führten, besonders des Morgens, endlose Gespräche. Es war das erste Mal, daß ein Erwachsener sich so mit mir unterhielt, auf mich einging, mich an seinen Erfahrungen, Kenntnissen und Einsichten teilhaben ließ.

mit so schwacher Mehrheit gewählt, daß er zutiefst getroffen ablehnte.

In seinem politischen Denken verband sich eine konservative Denkart mit einer eher liberalen Haltung in den Sachfragen. Idealismus im Dienst an der Gemeinschaft und Realismus in der Ausübung dieses Dienstes gingen bei ihm Hand in Hand. Jeder Zynismus war ihm fremd, für Ironie aber hatte er einen ausgeprägten Sinn. Seine größte Schwäche war seine persönliche Verwundbarkeit. Sie machte ihn angreifbar.

Neben Politik und Geschichte galt das Interesse Georg Stackelbergs auch philosophischen Fragen. Die Richtung dieses Interesses schien allerdings zu seinem sonstigen Wesen in einem eigenartigen Widerspruch zu stehen. Ich habe nie erlebt, daß er Schopenhauer erwähnte, aber Nietzsches »Also sprach Zarathustra« gehörte zu seiner bevorzugten Lektüre, und er war mit dem Grafen Keyserling eng befreundet. Nach allem, was ich von diesem bedeutenden Manne hörte, hätte man sich größere Gegensätze kaum denken können. Hier eine Gestalt wie aus den »Abendlichen Häusern« von Eduard Keyserling, dort ein Kosakenhetman als Philosoph. Wenn übrigens von Keyserling Briefe kamen, begann ein großes Rätselraten, denn der Graf hatte eine nahezu unleserliche Handschrift. So mühte sich denn die ganze Familie gemeinsam, der erhabenen Weisheit in den Briefen auf den Grund zu kommen.

In den dreißiger Jahren war das Leben auf den Gütern noch ein richtiges Landleben. Auf den Wiesen weideten im Sommer die Kühe, die noch mit der Hand gemolken wurden. Über die Äcker zogen die Gespanne – pflügend, eggend, Gras oder Getreide mähend. Zur Heuzeit und zur Kartoffelaufnahme waren Dutzende von Arbeiterinnen und Arbeitern auf dem Felde, vor deren Augen man sich übrigens nie setzen durfte; darin war der ansonsten so milde Onkel Georg sehr strikt. Das Korn wurde auf der Tenne von einer großen Maschine gedroschen, die eine Dampflokomobile über einen langen Riemen antrieb. Menschen, Tiere, Geräte bildeten einen lebendigen, bewegten Organismus, der im Rhythmus der Jahreszeiten zusammenwirkte.

Da Onkel Georg ein eher mildes Naturell besaß und ich zu jener Zeit das war, was man einen braven Jungen nennt, bedurfte es in der Regel keiner pädagogischen Gewalt – abgesehen von einem einzigen Mal. In dem für damalige Verhältnisse modernen Viehstall, auf den der Gutsherr stolz war, standen vier Bullen an Halsketten, die gewaltigen Häupter gegen die Betonwand gerichtet. Die Fortpflanzung besorgten die Bullen in jenen Jahren noch selbst, die künstliche Besamung steckte erst in den Anfängen. (Erst einige Jahre später sollte der Estländische Landwirtschaftliche Verein einen jungen Agrarwissenschaftler anstellen, der dieses Geschäft besorgte und auf den Gütern mit einem knatternden Motorrad und einem Rucksack auf dem Rücken erschien – weshalb ihn die Estländer den »Rucksackstier« nannten.) Damals gerade elf Jahre alt, war ich von den imposanten Tieren fasziniert. So schnappte ich mir eines Tages zwei Futterrüben und ging in den Stall, stellte mich zwischen die gewaltigen Häupter der Stiere und begann, sie mit den Rüben zu füttern. Indessen nahte Onkel Georg durch den Mittelgang des Stalls und bedeutete mir freundlich winkend, ich solle zu ihm kommen. Kaum war ich bei ihm, erhielt ich eine schallende Ohrfeige.

»Das wirst du nie wieder tun«, sagte er mir mit ungewohnt strenger Stimme.

»Aber die Stiere sind doch so fromm«, rief ich heulend.

»Ein Stier«, versetzte der Onkel, »ist fromm, bis er böse wird.«

In Kurküll bestand keine sehr enge Verbindung zwischen Herrenhaus und Betrieb. Vielleicht lag es am Erbe ihrer argentinischen Mutter, daß die Töchter sich fast ganz auf das Haus beschränkten und am landwirtschaftlichen Geschehen wenig Anteil nahmen. Anita ritt zwar gut und gern, oft mit dem Nachbarn Hermann Wrangell aus Ruil, mit dem sie befreundet war, doch geschah dies lediglich aus Freude am Sport.

Onkel Georg selbst lebte allerdings durchaus mit seinem Betrieb. Schon früh am Morgen wohnte er der Arbeitsausgabe bei, die dann im einzelnen durch den Inspektor erfolgte. Tagsüber war er viel zu Pferde unterwegs, um alles unter Kontrolle zu halten. Sein Verhältnis zu den estnischen Arbeitern und Arbeiterinnen, den Knechten und Mägden, wie man damals sagte, war gut, und er sprach ihre Sprache fast akzentfrei. Ihrerseits begegneten sie ihrem liberalen Gutsherrn ohne jede Feindseligkeit und mit Respekt; »paruni härra« redeten sie ihn an, Herr Baron. Die Achtung, der er sich bei seiner estnischen Umgebung erfreute, war auch daran abzulesen, daß er jahrelang die örtliche Reiterschwadron der Miliz, des sogenannten Kaitseliit (Schutzbundes), anführte.

Auch die geschäftliche Führung des Betriebes lag ausschließlich in Onkel Georgs Händen. War die Getreideernte ausgedroschen, dann wurde sie zunächst bewertet. Diesem Zweck diente ein schönes, aus Messing gefertiges Meß- und Wägegerät, das einem Mahagonikasten entnommen wurde und in den frühen Jahren mein ganzes Entzücken war. Mit ihm bestimmte man die Qualität des Korns, ausgedrückt im sogenannten »holländischen Gewicht«. War dies geschehen, dann erschienen auch bald die Aufkäufer, die Herren Schein und Judeikin, mit denen stundenlang zu feilschen Onkel Georg nicht geringes Vergnügen bereitete. Bei gutem Abschluß war er dann bester Laune. Ähnliches spielte sich übrigens auch ab, wenn es galt, die Produkte des Sägewerks zu verkaufen. Auch dieser Handel lag in der Hand jüdischer Herren, mit denen der Gutsherr sich gut stand. Zu Gesicht

Anita, Georg Stackelbergs zweite Tochter. Sie führte ihrem Vater den Haushalt. Als ich sie kennenlernte, war sie 25 Jahre alt und eine der faszinierendsten Erscheinungen, die mir je begegnet sind. Groß, von blendender Gestalt und einer nahezu raubtierhaften Eleganz, beeindruckte sie mich aber in erster Linie durch die Schönheit ihrer Züge. Tiefschwarzes Haar, dunkle Augen und ein dunkler Teint verliehen ihrem Äußeren fast etwas Indianisches.

bekam man sie freilich nicht, denn es wäre Onkel Georg nicht in den Sinn gekommen, sie zu Tisch zu bitten.

Die übrige Familie, zu der auch Onkel Georgs Pflegesohn Bernd Gruenewaldt gehörte, der vier Jahre älter war als ich, nahm an alledem kaum teil. Selbst wir Jungen arbeiteten nirgends mit, ganz anders als bei meinem Onkel Ricko Harpe auf Finn.

Das Leben in Kurküll verlief, abgesehen von einigen größeren Jagden im Winter, eher still. Regelmäßig verkehrt wurde zu meiner Zeit nur mit den Wrangells auf dem benachbarten Stammgut Ruil (Roela) und mit Harpes in Finn. Gelegentlich traf man sich auch mit den Maydells auf dem vierzehn Kilometer entfernten Pastfer (Paasvere).

Zu den weiter entfernten Harpes auf Wiso, Pödrang und Engdes (Äntu), den Dehns auf Kono, Raggafer (Rägavere) und Mödders (Mödriku), zu den Neffs auf Münkenhof (Muuga) und den Winklers auf Öhrten (Ulvi) bestand nur wenig Kontakt. Ich habe damals nicht darüber nachgedacht, was der Grund für diese relative Isolation war. Es mag das nicht einfache Temperament der schönen argentinischen Hausfrau dabei mitgespielt haben, womöglich aber auch politische Differenzen zwischen dem Hausherrn und seinen Standesgenossen.

Eine Ausnahme allerdings bildete die engere Familie. Oft waren während der Sommerferien Onkel Georgs Geschwister mit ihren Angehörigen zu Gast, mitunter auch für längere Zeit. Dann versammelten sich manchmal bis zu vierzehn Leute um den Tisch, und es ging ausgesprochen lebhaft her.

Ein häufiger Besucher war Onkel Georgs jüngerer Bruder Nicko mit seiner Frau Olly, einer geborenen Baronesse Maydell, aus einer »verrussten« Linie dieses Hauses, die also schon mehr dem Russentum als dem baltischen Deutschtum zuneigte. Gelegentlich kamen auch der dritte Bruder Rudolf aus Helsinki oder Helsingfors, wie man bei uns unweigerlich sagte, mit seiner Frau Helene, Onkel Georgs jüngster Bruder Bengt mit seiner russischen Frau Moussia und den beiden Kindern Mitja und Marina, die etwa in meinem Alter waren. Seltener zu Gast war Onkel Georgs älteste Schwester, die verwitwete Adine Maydell, sowie deren Sohn Hans Ernst, genannt Antschik, der 1930 Mitte zwanzig gewesen sein muß und den ich besonders mochte.

Unvergeßlich ist mir, daß es dann an heißen Sommertagen regelmäßig saure Milch gab, die mit einer dicken Schicht Schwarzbrotkrumen, Zucker und Sahne – wir sagten Schmand – vortrefflich schmeckte.

Von allen diesen Verwandten standen mir Nicko und Olly Stackelberg am nächsten. Der mittelgroße und muskulöse, aber schlanke Onkel Nicko sah mit seinen schmalen aristokratischen Zügen und dem Spitzbart wie ein eleganter Admiral aus. Schon deshalb habe ich ihn bewundert. Zudem aber war er eng mit meinem Vater befreundet – in Reval nannte man die beiden Nikolai und Rickolai – und wohl auch deshalb ausnehmend nett zu mir.

Die Lebensverhältnisse von Nicko und Olly Stackelberg waren typisch für die Zeitumstände. Durch Herkunft und Persönlichkeit nahm Nicko Stackelberg in der Revaler Gesellschaft der Zwischenkriegszeit eine hervorragende Stellung ein, doch hatte ihn die Enteignung seines Gutes Lasila vermögenslos gelassen. Wie nicht wenige seiner Schicksalsgenossen hatte er in der Spiritusraffinerie Rosen & Co., der sogenannten »Spritfabrik«, Arbeit und Verdienst gefunden. Ursprünglich von der estländischen Ritterschaft zur Verarbeitung der eigenen Brennereierzeugnisse gegründet, hatte sich die Raffinerie Schritt um Schritt ausgedehnt. Sie war nicht nur die größte Wodkafabrik in dem trinkfreudigen kleinen Land, sondern inzwischen auch Herstellerin von Likören, Weinbrand, Eau de Cologne und Parfum; zudem hatte man eine kleine Hausbank für Kundenkredite gegründet. In eine Kommanditgesellschaft mit Baron Alexander (Lux) Rosen als Kommanditisten umgewandelt, war Rosen & Co gleichsam eine letzte Bastion der kraft Gesetzes aufgelösten Ritterschaft.

Hier wirkte Onkel Nicko als Hauptbuchhalter von neun Uhr morgens bis um vier Uhr nachmittags. Dann nahm er seinen Spazierstock über den Arm, setzte seinen Stetson auf das dünnbehaarte edle Haupt und spazierte in dem ihm eigentümlichen, ein wenig steifen Schritt die vierzig Minuten von der Strandpromenade (Merepuiestee) nach Katharinental (Kadriorg) zu seiner Wohnung, die eher bescheidenen Zuschnitts war. Sie bestand aus vier nicht sehr großen Räumen im Parterre eines jener für das damalige Reval typischen zweigeschossigen Holzhäuser und war sehr geschmackvoll mit Möbeln aus dem ehemaligen Gutshaus eingerichtet.

Doch die bescheidenen Umstände nahmen den Bewohnern nichts von ihrer Würde, und anders als die Angehörigen meiner nach Schwerin ausgewanderten väterlichen Sippe klagten Stackelbergs nie über die schlechten Zeiten, gaben der Trauer über das verlorene Paradies nie Ausdruck, redeten auch nie geringschätzig über die ungeliebte Republik Estland. Man hielt Distanz, aber man befand sich nicht in der inneren Emigration. Übrigens gehörte Onkel Nicko – wie mein Vater – zu denjenigen deutsch-baltischen Herren, die in den letzten Jahren der ersten estnischen Selbständigkeit mit dem führenden Klub der neuen Elite, dem Centum

Klub, einen etwas steifen und eher extensiven, aber doch regelmäßigen Verkehr pflegten.

In den vier Wänden dieser väterlichen Freunde habe ich ungezählte Stunden verbracht, deren ich mich dankbar erinnere, auch deshalb, weil sie meine Russischkenntnisse

Die Lebensverhältnisse von Nikolai Baron Stackelberg und seiner Frau Olly waren typisch für die Zeitumstände. Durch Herkunft und Persönlichkeit nahm Nicko in der Revaler Gesellschaft der Zwischenkriegszeit eine hervorragende Stellung ein. Doch hatte ihn die Enteignung seines Gutes Lasila vermogenslos gelassen, und wie nicht wenige seiner Schicksalsgenossen hatte er in der Spiritusraffinerie Rosen & Co., der sogenannten Spritfabrik, Arbeit und Verdienst gefunden. Übrigens gehörte Onkel Nicko wie mein Vater zu denjenigen deutsch-baltischen Herren, die in den letzten Jahren der ersten estnischen Selbständigkeit mit dem führenden Klub der neuen Elite, dem Centum Klub, einen etwas steifen und eher extensiven, aber doch regelmäßigen Verkehr pflegten.

voranbrachten. Wie gesagt, war Russisch ja die zweite lebende Fremdsprache nach dem Estnischen und galt als wichtig, obwohl die russische Minderheit Estlands damals nur acht Prozent der Landesbevölkerung ausmachte und die benachbarte Sowjetunion ein verschlossenes Land war. Tante Olly, die zweisprachig war, erbot sich, in dieser Lage zu helfen und mir Nachhilferunterricht zu geben. So bin ich fünf Jahre lang ein- bis zweimal wöchentlich vom Ende der Narwschen- in die Koidulastraße gepilgert, in der Onkel Nicko und Tante Olly wohnten, ein Weg von nur fünf Minuten. Dort las und übersetzte ich unter der Anleitung der Tante die aufgegebenen Texte russischer Klassiker, Puschkins »Die Hauptmannstocher«, »Der Postmeister« und »Schuss«, Gogols »Taras Bulba« und Erzählungen aus den »Abenden auf dem Vorwerk bei Dikanka«. Gerade diese beiden Autoren habe ich in jenen Jahren liebengelernt und später an Gogols »Die toten Seelen«, vor allem aber an dem unvergleichlichen »Eugen Onegin« von Puschkin unendliche Freude gehabt. In den letzten Gymnasialjahren trat dann der in meinen Augen schönste Roman der Weltliteratur hinzu: Tolstois »Krieg und Frieden«.

Meine Nachhilfestunden begannen gewöhnlich um halb vier und endeten um halb fünf, wenn Onkel Nicko heimkam, sich umständlich die Hände wusch und das Dinner aufgetragen wurde. Dazu pflegte er sich ein oder zwei Gläschen Wodka zu genehmigen, und nach Tisch gab es eine »demi-tasse« Mokka, ein in Estland seltener Luxus.

Indirekt hat übrigens auch Onkel Nicko, dem Zynismus nicht ganz fremd war, einen nicht unbedeutenden Einfluß auf meine Erziehung genommen. Wie schon erwähnt, wurde in unserem Gymnasium kein Französischunterricht angeboten, was insofern erstaunlich war, als es in der Generation meiner Eltern durchaus noch zum guten Ton gehörte, französisch zu sprechen, ja es gab sogar noch einige wenige Familien, bei denen Französisch die Umgangssprache war. Daß wir es in der Schule dennoch nicht lernten, hing vermutlich damit zusammen, daß das Estnische als Staatssprache Priorität hatte und eine weitere Sprache den Schülern nicht zuzumuten war. Wie dem auch sei, meine Mutter beschloß, daß ich französischen Privatunterricht haben sollte, und hatte als Lehrerin die schöne polnische Frau eines entfernten Bekannten ausersehen. Aber als sie Onkel Nicko von ihrem Vorhaben berichtete, erwiderte dieser mit einem ironischen Lächeln: »Nun ja, auch Französisch wird Berndt dort wohl lernen ...« Meine sprachliche Fortbildung wurde daraufhin einer würdigen Schweizer Matrone anvertraut, die *éducation sentimentale* mußte warten.

Die glücklichen Jahre in Kurküll fanden Anfang 1934 ein jähes Ende. Meine Eltern waren im Juni 1933 geschieden worden, im Oktober heiratete Mama Onkel Georg. Die nun folgenden Monate waren wohl die glücklichsten ihres Lebens. Selten in meiner Erfahrung haben zwei Menschen so gut zueinander gepaßt, sowohl was ihre Empfindungen als auch ihre geistigen Interessen und Vorlieben betraf. Doch dieser Harmonie war keine Dauer gegönnt. Wie fast alle männlichen Angehörigen des Hauses Lassinorm litt Onkel Georg an einem schwachen Herzen. Schon 1932 hatte er einen schweren Anfall gehabt, einen Infarkt, wie man heute sagen würde, von dem er sich nur schwer erholte. Von den heute verfügbaren therapeutischen Mitteln, etwa einer Bypassoperation, war man damals noch Jahrzehnte entfernt. Kurz vor Mitternacht des 15. März 1934 hatte Onkel Georg einen erneuten Anfall. Er brachte das Ende, viereinhalb Monate nach der Hochzeit.

Am 16. März wurde ich morgens aus der ersten Schulstunde in das Büro des Direktors gerufen. Mein Vater, sagte man mir, wolle mich sprechen.

Das war nun höchst ungewöhnlich, und mir schwante nichts Gutes. Meinen Vater sah ich seit der Scheidung meiner Eltern regelmäßig am Mittwoch. Ich holte ihn um halb fünf in seiner Bank ab, wir pflegten uns dann gemeinsam einen Film im Kino anzusehen und anschließend in den Aktienclub essen zu gehen. Daß ich Papa in seiner neuen Häuslichkeit besuchte – er hatte im Juli 1933 wieder geheiratet –, wünschte meine Mutter vorerst nicht. Bei unseren Zusammenkünften unterhielten wir uns übrigens recht gut. Zwar hatten wir nicht allzu viele Gemeinsamkeiten, über die wir hätten reden können, doch gab es ja aus der Schule und aus dem Pfadfinderkorps, dem ich inzwischen beigetreten war, genug zu berichten. Angesichts dieser regelmäßigen Zusammenkünfte konnte der Wunsch meines Vaters, mich zu so ungewohnter Stunde zu sehen, also nur bedeuten, daß etwas Ungewöhnliches geschehen sein mußte. Und so war es dann ja auch.

Ich werde den Ausdruck von Bewegung und Mitgefühl nie vergessen, mit dem Papa mich anschaute, als er mir sagte, daß Onkel Georg gestorben sei. Erst nachträglich ist mir bewußt geworden, wieviel Dank ich ihm für seine Anteilnahme schulde. Papa stand mir leider nie so nahe, wie Väter ihren Söhnen im Idealfalle stehen sollten, doch zweifellos liebte er seinen einzigen Sohn, und es fiel ihm sicher nicht leicht, sehen zu müssen, daß ich mit Onkel Georg weit mehr Gemeinsamkeiten besaß als mit ihm.

Der Schlag war furchtbar. Papa brachte mich nach Hause, von wo ich mit dem Nachmittagszug, zusammen mit Onkel Nicko und Tante Olly, nach Kurküll fahren sollte.

Seit ich mit Beginn des Schuljahrs im September 1933 in meine Klasse in der Domschule zurückgekehrt war, lebte ich in Pension bei Mamas bester Freundin Benita Girgensohn und ihrem Mann Erich Girgensohn, einem entfernten Onkel von mir. Noch heute sehe ich mich an diesem Mor-

Mamas erste Ehe war zerbrochen, und das große Glück der zweiten fand ein allzu frühes Ende, als Georg Stackelberg am 15. März 1934 einem Herzinfarkt erlag. Die Aufnahme von 1935 spricht für sich.

gen im Girgensohnschen Salon sitzen, fassungslos vor Schmerz. Erich Girgensohn ging leise zum Flügel und begann zu spielen, volle zwei Stunden lang – eine Geste von seltener Einfühlung und Zartheit.

An das, was folgte, habe ich nur undeutliche Erinnerungen. Die Trauerfeier fand in der Kirche von St. Jakobi in Wierland statt, auf deren Friedhof Onkel Georg an der Seite seiner ersten Frau die letzte Ruhe fand. Baron Carl-Karli-Schilling hielt die Trauerrede. Die rechte Hand an den Sarg gelehnt, würdigte er den Freund, mit dem er politisch so oft die Klingen gekreuzt hatte.

Auch die anschließenden Vorgänge blieben mir weitgehend verborgen. Onkel Georg hatte kein Testament hinterlassen, und nach dem Gesetz fiel seine bewegliche Habe an die Witwe. Das aber hätte die Töchter unversorgt gelassen, denn Kurküll war ja Pachtgut. Im Interesse seiner Nichten forderte Onkel Nicko deshalb die Einwilligung meiner Mutter in eine Vierteilung des Nachlasses. Den Vertrag hatte er gleich mitgebracht, und allein und noch immer unter Schock unterschrieb Mama auf der Stelle. Zugunsten von Anita aber, die er besonders liebte, hatte Onkel Nicko eine Klausel eingefügt, die es den Töchtern jederzeit erlaubte, die Witwe auszuzahlen und so zur Räumung von Kurküll zu zwingen. Sie war so abgefaßt, daß auch der Chefjurist von Papas Bank ihre Tragweite zunächst nicht erkannte, als er den Vertrag nachträglich las. Meine arme Mutter hatte die Untiefe erst recht nicht erkennen können.

Ich aber war mit noch nicht ganz fünfzehn Jahren zu jung, um ihr beizustehen, und außer mir hatte sie im Grunde niemanden. Ihre Revaler Existenz hatte sich aufgelöst, und in Kurküll wurde sie zwar korrekt behandelt, doch konnte ihr nicht entgehen, daß die Familie sie gleichsam als einen Eindringling wider Willen empfand. Die Nachbarn aber waren, nach so kurzer Ehe, eigentlich nicht die ihren, sondern die von Anita, die dem Haushalt über fünf Jahre vorgestanden hatte.

Ich nahm dies alles damals gar nicht oder doch nur sehr undeutlich wahr. Instinktiv spürte ich zwar, daß Mama einer Stütze, ja eines Schutzes bedurfte. Und doch konnte ich ihr diesen Schutz noch nicht bieten. Ich fühlte mich schlicht und einfach überfordert.

Im Hause Girgensohn

Da sich unser Hausstand Ende 1932 aufgelöst und meine Mutter Wohnung in Kurküll genommen hatte, galt es zu Beginn des neuen Schuljahrs – der Obertertia –, in Reval eine Unterkunft für mich zu finden. Als solche bot sich das Haus von Erich Girgensohn und seiner Frau Benita an.

Mit ihnen beiden trat ein neuer bestimmender Einfluß in mein Leben. Tante Benita mochte bei meinem Einzug Anfang oder Mitte vierzig gewesen sein. Die schlanke Frau mit schmalen schönen Zügen und leicht gebogener Nase fiel vor allem durch den Blick ihrer großen braunen Augen auf, in dem etwas Unergründliches, Melancholisches, ja zuweilen fast Leidendes lag. Vielleicht zeigte sich darin das Erbe ihres jüdischen Vaters, des reichen Petersburger Brauereibesitzers Felix Schottlaender, der ein bemerkenswerter Mann gewesen sein muß und sich kraft seiner Persönlichkeit und durch sein starkes soziales Engagement in Estland hohen Ansehens und großer Beliebtheit erfreute. Benita Girgensohns Mutter Carolcia von Wetter-Rosenthal, eine geborene von Gutschkowski und verwitwete Schottlaender, entstammte einer jener polnisch-baltischen Familien, die mehr oder weniger im Deutschtum aufgegangen waren. Mit Ende Sechzig war sie immer noch eine schöne, imposante Erscheinung.

Ich bin in meinem späteren Leben nur selten Frauen von einer so überlegenen Intelligenz begegnet, wie Tante Benita sie besaß. Literarisch umfassend gebildet, im Russischen und Französischen zu Hause, englisch lesend, verfügte sie über ein sicheres und durchdringendes Urteil. Illusionslos und realistisch, war sie nicht frei von Sarkasmus, der sich freilich mit großer Humanität und einem leidenschaftlichen Gemüt verband.

Sie gab im Hause den Ton an, ließ allerdings auch keinen Zweifel daran, daß sie die geistige Überlegenheit ihres Mannes anerkannte. Und in der Tat war Erich Girgensohn, der »kleine Doktor«, wie die Estländer ihn nannten, ein Mann von ausnehmend scharfem Verstand, hohem geistigem Niveau und profunder Bildung. Mit seinem großen Kopf und einer überproportional hohen Stirn hätte man ihn für häßlich halten können, wäre da nicht der kluge Blick seiner grauen Augen gewesen, der das unscheinbare Äußere vergessen ließ.

Während des Ersten Weltkriegs hatte Erich Girgensohn, obwohl eigentlich Gynäkologe, in der russischen Armee als Oberfeldarzt Dienst getan. Als ich ihn kennenlernte, unterhielt er nur noch eine kleine Privatpraxis im Hause seiner Frau. Davor hatte er zusammen mit einem Kollegen, Dr. Luchsinger, in den oberen Geschossen eine private Frauenklinik betrieben, die sich jedoch als zu unrentabel erwies und aufgegeben werden mußte. Für die vergleichsweise kleine Schar der Deutsch-Balten in Reval gab es zu viele deutsche Ärzte; die estnischen Patienten aber wanderten allmählich zu den nachwachsenden Ärzten ihrer eigenen Nationalität ab.

Indessen mochte der Rückgang der Girgensohnschen Praxis auch andere, subtilere Gründe haben. Der Doktor war wohl ein guter Facharzt, aber ein großer Psychologe war er nicht. »Onkel Erich«, so befand seine Frau, »hat wenig Talent, sich bei den Patientinnen beliebt zu machen. Fragt eine den Dr. Luchsinger, ob sie baden darf, dann heißt es: ›Aber nur fünf Minuten bei 26 Grad.‹ Stellt sie die gleiche Frage Onkel Erich, dann erhält sie die vermutlich richtige, aber dennoch wenig befriedigende Anwort, daß es ganz egal sei, ob sie bade oder nicht.«

Zu ihrem Verdruß mußte auch meine Mutter eine solche Erfahrung mit dem entfernten Vetter machen. Nach Meinung unseres Schularztes Dr. Koch, der wegen seines gefälligen Aussehens von den Revalern »Lieschen« Koch genannt wurde, litt ich an Blutarmut. Mama wollte deswegen eine russische Ärztin konsultieren, die damals in Reval sehr

Benita Girgensohn, geborene Schottlaender. Illusionslos und realistisch, war sie nicht frei von Sarkasmus. Ihre hohe Intelligenz verband sich mit großer Humanität und einem leidenschaftlichen Gemüt. Sie gab im Hause den Ton an, ließ allerdings auch keinen Zweifel daran, daß sie die geistige Überlegenheit ihres Mannes anerkannte.

en vogue war, die sehr beleibte Gräfin Uwaroff. Manche schrieben ihr hypnotische Kräfte zu und schworen auf sie, so auch Onkel Georg und seine Töchter. Ich aber lehnte es ab, zu ihr gebracht zu werden, denn sie war mir unheimlich, und ich nannte sie eine Zauberin. Immerhin empfahl sie Mama ein Leberpräparat für mich, das nicht nur sehr teuer war, sondern überdies so abscheulich schmeckte, daß ich

Dr. Erich Girgensohn, ein Mann von ausnehmend scharfem Verstand, hohem geistigem Niveau und profunder Bildung, erfreute sich unter seinen ärztlichen Kollegen großen Ansehens. Er war wohl ein guter Facharzt, aber kein großer Psychologe. »Onkel Erich«, so befand seine Frau, »hat wenig Talent, sich bei den Patientinnen beliebt zu machen. Fragt eine den Dr. Luchsinger, ob sie baden dürfe, dann heißt es: ›Aber nur fünf Minuten bei 26 Grad.‹ Stellt sie die gleiche Frage Onkel Erich, dann erhält sie die vermutlich richtige, aber dennoch wenig befriedigende Anwort, daß es ganz egal sei, ob sie bade oder nicht.«

mich weigerte, es zu schlucken. Als nun meine Mutter Unterstützung bei der ärztlichen Autorität von Onkel Erich suchte, bemerkte der nur trocken – und dazu in meiner Gegenwart –, schaden werde es mir wohl nicht. Damit war die Schlacht für meine Mutter verloren und sie selbst zutiefst verärgert.

Das eigene Einkommen des Doktors war also gering. Sehr bedeutend aber wäre es wohl auch bei einer größeren Praxis nicht gewesen. Denn in jenen Zeiten übte man den Arztberuf bei uns noch nicht in erster Linie aus, um ans große Geld zu kommen. Unter Honorar verstanden die Mediziner noch das, was das Wort ursprünglich bedeutet, eine Art Ehrengabe, dazu bestimmt, dem Arzt und den Seinen das zu gewähren, was die Engländer *a decent life* nennen würden, ein Einkommen also, das dem sozialen Standard und den Bedürfnissen, nicht zuletzt der Ausbildung der Kinder, angemessen war, aber nicht mehr. Gebührenordnungen und Krankenversicherungen mag es in Ansätzen schon gegeben haben, aber geredet wurde davon nie, jedenfalls in meiner Gegenwart nicht. Grundsätzlich taxierte der Arzt seine Patienten entsprechend ihrer Vermögenslage selbst ein. Von den Reichen nahm er mehr, von den Armen oft gar nichts.

Ungeachtet seiner eher schlechtgehenden Praxis erfreute Onkel Erich sich aber unter seinen deutschen Berufskollegen eines hohen Ansehens und war sogar viele Jahre lang Vorsitzender ihrer Vereinigung. Unter seiner Führung bildeten die deutschen und jüdischen Ärzte ein Kartell, das bis zur Umsiedlung im Herbst 1939 hielt. Anders hätten sie keinen Vertreter in den Vorstand der estnischen Ärztekammer bringen können. Auch dieses Amt nahm Onkel Erich dann wahr.

Ich erinnere mich, daß wir uns zur Zeit der Umsiedlung Sorgen machten, seine Zusammenarbeit mit den jüdischen Ärzten könnte Onkel Erich bei den Nazis Schwierigkeiten machen. Dies um so mehr, als seine Frau ja Halbjüdin war. Diese Sorge aber erwies sich als unbegründet. Allerdings ist Onkel Erich bald nach der Umsiedlung mit erst Anfang Sechzig an Tuberkulose gestorben. Seine Frau aber hat den nationalsozialistischen Terror in einem oberbayrischen Dorf überleben können. Gerüchteweise verlautete, Absprachen mit Dr. Frowein, dem letzten deutschen Gesandten in Reval, hätten dabei mitgespielt.

Wenn der Zuschnitt des Hauses Girgensohn für damalige Verhältnisse trotz der geringen Einkünfte aus der Praxis sehr großzügig war, dann lag das daran, daß die Hausfrau über Vermögen verfügte. Dieser Umstand hat es Onkel Erich wohl nicht immer ganz leicht gemacht, zumal Tante Benita zu jenen unglücklichen Menschen zählte, die in der Furcht lebten, zu verarmen. Es entsprach allerdings dem Charakter der Beteiligten und dem Stil der Zeit, daß in meiner Gegenwart nicht ein einziges Wort des Streits laut wurde.

Das graue Steinhaus aus der Gründerzeit, dessen Parterre Girgensohns bewohnten – es steht noch heute –, lag am Ende der Narwschen Straße, dort, wo sie die Schmalspurbahn nach Pernau kreuzte. Die ausgesprochen großbürgerliche Wohnung umfaßte einen großen eleganten Salon mit Flügel, ein geräumiges Eßzimmer, drei Schlafzimmer und ein Zimmer für die Praxis. Hier habe ich die fünf letzten Schuljahre verbracht, zwei davon noch zusammen mit Tante Benitas Sohn aus erster Ehe, Hermann Filatoff, der drei Klassen über mir war. Dessen ältere Schwester Margarita, genannt Grita, war schon außer Hause.

Auch diese Jahre haben mich entscheidend geprägt. Allein die täglichen Gespräche bei Tisch waren eine Art Bildungserlebnis. Onkel Erich war seinem ganzen Naturell nach eher ein Skeptiker, der die Philosophie Schopenhauers derjenigen Nietzsches vorzog. In der Literatur gehörte zu seinen bevorzugten Gestalten E. T. A. Hoffmanns Kater Murr, dessen hypokritische Banalitäten er gelegentlich zitierte. Obwohl es ihm an Humor nicht fehlte – er hatte durchaus Vergnügen an Kalauern –, blieb die Grundstimmung doch pessimistisch.

Eine große Rolle spielte die Musik im Hause Girgensohn. Onkel Erich verfügte über einen für die damalige Zeit guten Radioapparat, und oft wurden Konzerte gehört. Wie viele Girgensohns spielte auch er mit großer Fertigkeit Klavier, obwohl seine kritischeren Zuhörer der Ansicht waren, er mache zu reichlich Gebrauch vom Pedal.

Girgensohns lebten weniger gesellig, als meine Eltern es getan hatten, aber der Kreis ihrer Bekannten war in etwa der gleiche. Zu den Freundinnen von Benita Girgensohn gehörte meine Tante Helen Harpe, und Onkel Georg hatte in ihrem Hause jahrelang sein Revaler Absteigequartier. Zu den häufigeren Gästen im Hause zählte eine Frau von Benckendorff, eine geborene Gerngross, die auf dem Restgut Kalijärv nicht weit von Reval lebte. Sie trug den russischen Vornahmen Soja und entstammte einer Petersburger Beamtenfamilie deutscher Herkunft. Die schlanke, brünette Frau, die auch in fortgeschrittenem Alter noch eine Erscheinung war, faszinierte mich – wie überhaupt das deutschrussische Milieu großen Eindruck auf mich machte.

Ein anderer häufiger Gast war die Baronin Lotti Delingshausen aus Wesenberg, eine entfernte angeheiratete Verwandte von Tante Benita. Sie war eine statiöse Dame, nicht ohne Allüre, aber sehr amüsant. Dabei redete sie lebhaft, laut, sehr direkt und keineswegs nach jedermanns Geschmack. Einst, als Onkel Erich ernstlich krank daniederlag – daß er an Tuberkulose litt, war ein gutgehütetes Geheimnis –, drang die Baronin kurzerhand in sein Schlafzimmer ein, setzte sich auf sein Bett und erklärte mit Stentorstimme: »Wie ein Sterbender sehen Sie aber nicht aus!« Erich Girgensohn drehte ihr wortlos den Rücken zu.

Als Livländer war Onkel Erich Landsmann des Dorpater Traditionskorps Livonia gewesen. Die gemeinsame Korpszugehörigkeit schuf Bindungen, die ein Leben lang hielten. So machte auch der Rechtsanwalt Walter Baron Stackelberg regelmäßig einen Besuch bei seinem Korpsbruder Girgensohn, wenn Gerichtstermine ihn aus Dorpat nach Reval riefen. Tante Benita nannte ihn »Hindenburg«, weil er so groß war wie der Feldmarschall, dessen kantigen Kopf hatte und den bei uns sehr ungewöhnlichen Bürstenschnitt trug. Man hätte sich kein ungleicheres Paar vorstellen können als den zierlichen Doktor und den hünenhaften Baron. Aber sie mochten einander sehr und weilten gern in der gemeinsamen Vergangenheit.

Im Hause Girgensohn habe ich übrigens auch an dem ersten diplomatischen Mittagessen meines Lebens teilgenommen, wenn auch nur in der Rolle des Beobachters. Ehrengäste waren der deutsche Gesandte Frowein, der sich in Reval hohen Ansehens erfreute, und seine Frau.

Die deutschen Diplomaten befanden sich bei uns in einer nicht ganz einfachen Position. Nach Sprache, Kultur und Gesellschaftsschicht fühlten sie sich eher zu den Deutsch-Balten hingezogen, ihre dienstliche Pflicht aber wies in eine andere Richtung. Umgekehrt war auch das Verhältnis der leicht introvertierten deutsch-baltischen Gesellschaft zu den Diplomaten ambivalent. Wie gegenüber allen »Reichsdeutschen« stand man auch ihnen eher kritisch gegenüber. Gewann aber einer erst Sympathie und Vertrauen, dann neigte man dazu, ihn ganz und gar zu vereinnahmen. Das galt etwa für den ersten deutschen Geschäftsträger, den sagenumwobenen Otto von Hentig, aber auch für den Gesandten Reinebek und die Legationsräte Bock, Duckwitz, von Welck und von Dörnberg, besonders aber für den Attaché Dr. Franz Breer. Oft wurde außer acht gelassen oder doch nicht genügend berücksichtigt, daß es die erste Pflicht dieser Herren war, das Deutsche Reich bei der estnischen Regierung zu vertreten, mit den estnischen Politikern Umgang zu pflegen und dem Interesse der deutsch-estnischen Beziehungen zu dienen.

Wie dem auch sei, das Essen mit dem Ehepaar Frowein, mit Spannung erwartet, verlief zur allseitigen Zufriedenheit, ganz im Gegensatz übrigens zu einem Mittagessen, zu dem Nicko Stackelberg einst beim schwedischen Minister eingeladen worden war. Anders Baron Koskull, ein gewichtiger weißhaariger Herr, stellte ein diplomatisches Unikum dar. Er war nämlich bevollmächtigter Minister, im Unterschied zu seinen Kollegen aber kein außerordentlicher Gesandter. Das Gerücht wollte, daß er nach seiner Rückkehr von einer Mission im Orient einen wertvollen Teppich von dort verkauft hätte. Kein Mensch würde heute etwas Anstößiges darin sehen. König Gustav V. aber, so das Gerücht, sei damals der Ansicht gewesen, Koskull könne ihn nicht mehr als Gesandter vertreten. Und so sei er eben nur noch Minister geblieben.

Das hinderte den alten Junggesellen freilich nicht, für seine gute Küche bekannt zu sein, und Onkel Nicko war begierig, sich davon selbst zu überzeugen. Am Tag der Einladung erwartete die Familie seine Rückkehr mit Spannung. »Nun, wie war es?« fragte Tante Olly.

»Das Essen war gut«, erwiderte Onkel Nicko, »aber die Nötigung war schwach.«

Nationalismus

Die Haltung der baltischen Deutschen gegenüber dem Reich läßt sich für die Zeit zwischen den Kriegen nicht auf einen einheitlichen Nenner bringen. Das war nicht immer so gewesen. Bis in die zweite Hälfte des 19. Jahrhunderts blieb das Selbstverständnis der Deutsch-Balten mehr oder weniger eindeutig. Die Zugehörigkeit zur deutschen Kultur und die lutherische Konfession bildeten den Kern ihrer Identität und stellten eine Selbstverständlichkeit dar, die nicht im geringsten angezweifelt wurde. Als quasi naturgegeben wurde auch die Aufgabe empfunden, den deutschen Charakter des geistigen Lebens und der gewachsenen öffentlichen Ordnung in den Ostseeprovinzen zu wahren und, wenn nötig, zu verteidigen. Diese Einstellung ging Hand in Hand mit dem Willen zur Loyalität gegenüber dem Zaren als dem Lehnsherrn und dem russischen Imperium, als dessen Glied man sich sah. Sie bezog sich deutlich weniger auf den russischen bürokratischen Staatsapparat, den man nicht ohne Grund der Korruption und aufkommender Feindseligkeit verdächtigte.

Deutschland galt als Herkunftsland. Für manche Literaten, deren Familien, anders als Adel und Patriziat, bis ins 19. Jahrhundert zugewandert waren, mag Deutschland auch noch als die alte Heimat gegolten haben. Eine politische Identifizierung mit Deutschland fand dagegen auch bei ihnen nicht statt. Sie hätte vor der Reichsgründung von 1871 auch kein rechtes Objekt gehabt. Für Preußen spürte man im Baltikum nur geringe Neigung.

Dieses Selbstverständnis begann in der zweiten Hälfte des 19. Jahrhunderts unter dem Druck der Russifizierungspolitik Risse zu zeigen. Wortmächtige Publizisten traten militant gegen die Russifizierung und für die Verteidigung der deutschen landesstaatlichen Verfassung auf. Teile des Deutschbaltentums begannen sich innerlich vom Zarenreich zu entfernen. Aus der selbstverständlichen deutschen Befindlichkeit begann bewußtes Nationalgefühl zu erwachsen. Auch politisch rückten manche Kreise dem neuen deutschen Reich näher, sahen sich allerdings von dem Realpolitiker Bismarck kühl abgewiesen.

Verschärft wurde die Lage durch das nationale Erwachen der Esten und Letten in der zweiten Hälfte des 19. Jahrhunderts. Bis Anfang des Jahrhundert hatten die beiden Bauernvölker unter dem Druck der Leibeigenschaft gelitten. Nach der baltischen Bauernbefreiung, die der in Rußland um fünfzig Jahre vorausging, begannen sie ein nationales Selbstbewußtsein zu entwickeln, eine eigene Bildungsschicht hervorzubringen, eine nationale Presse zu schaffen sowie Vereinigungen akademischen, politischen, wirtschaftlichen und kulturellen Charakters zu gründen. Damit trat auch der Gegensatz zur deutschen Oberschicht immer stärker ins Bewußtsein, die als Herrenschicht gesehen wurde und sich selbst auch als solche verstand.

Durch Russifizierung und nationales Erwachen der Esten und Letten bedrängt, sahen sich die baltischen Deutschen gleichsam zwischen Hammer und Amboß. Zwar gab es Ansätze, die zum Teil aus dem Mittelalter herüberragenden Strukturen des »Landesstaats« der Entwicklung anzupassen, doch blieben sie halbherzig, kamen zu spät und wurden nicht zuletzt durch eine *politique du pire* der russischen Bürokratie blockiert. Dies war die Ausgangslage vor dem Ersten Weltkrieg, der die russische Revolution und die Begründung der Republiken Estland und Lettland brachte. Über Nacht fand die politische und kulturelle Vorherrschaft der Deutschbalten ihr Ende. Dazu wurde ihre führende Schicht, der Landadel, durch eine radikale, praktisch entschädigungslose Güterenteignung wirtschaftlich ruiniert, was auch die freien Berufe und die deutschen Ge-

Seit Mitte des 19. Jahrhunderts wurde die Autonomie, deren sich die baltischen Provinzen unter ihrer deutschen Oberschicht erfreut hatten, durch die sogenannte »Russifizierung« Schritt um Schritt beschnitten. Am 20. August 1895 ließ Zar Nikolaus II. inmitten des Schloßplatzes auf dem Domberg den Grundstein zur orthodoxen Alexander-Newski-Kathedrale legen, einem mächtigen Symbol russischer Oberherrschaft. Der Wehrturm links im Bild trägt den Namen »Kiek in de Kök«. Es hieß, daß man von ihm in alle Küchen der Altstadt gucken könnte.

werbetreibenden in einen Strudel riß, von dem nur wenige Großunternehmen unberührt blieben. Aus einer politischen und wirtschaftlichen Führungsschicht war mit einem Schlage eine verarmende Minderheit geworden, ungern geduldet, vielfach diskriminiert.

Daran vermochte auch die vorbildliche Kulturautonomie nichts Wesentliches zu ändern, die 1925 gesetzlich geregelt wurde. Die deutsche Minorität Estlands, durch fortgesetzte Abwanderung nach Deutschland geschwächt, sah sich mittelfristig auf verlorenem Posten.

So wandten sich die Blicke mehr und mehr nach dem Land der Herkunft, von dem allein man politische Unterstützung und wirtschaftliche Hilfe erhoffen durfte. Sie zu gewähren aber war die außenpolitisch isolierte, von politischen und wirtschaftlichen Turbulenzen geschüttelte Weimarer Republik kaum imstande. Die Folgen der Kriegsniederlage Deutschlands und des Versailler Vertrags wurden deshalb auch im Baltikum lebhaft und als bedrückend empfunden. Zwar blieb die Mehrheit der Estländer gewillt, der jungen Republik trotz allem die Loyalität zu wahren, doch wurde auch an den Geschicken Deutschlands starker Anteil genommen. Allerdings hatten nur wenige die Möglichkeit, sich aus eigener Anschauung ein Bild von der innerdeutschen Wirklichkeit zu machen.

Angesichts dieser Situation war es nur natürlich, daß die meisten Deutschbalten auch in Estland die Wende von 1933 zunächst begrüßten und daraus Hoffnung auch für die eigene Lage schöpften. Endlich wurde Deutschland wieder respektiert, endlich konnte es den Auslanddeutschen in ihrer Bedrängnis wirksam helfen. Alsbald begann in Estland wie in Lettland ein zähes Ringen zwischen »System« und »Bewegung«, also zwischen denen, die auf dem Boden konservativer baltischer Tradition standen, und jenen, die sich dem Nationalsozialismus zuwandten. Ich selbst war zu jung, vielleicht auch nicht interessiert genug, um diese Auseinandersetzungen unter den Erwachsenen im einzelnen zu verfolgen. Auch erinnere ich mich nicht, daß derlei Themen bei den Tischgesprächen im Hause Girgensohn einen prominenten Platz eingenommen hätten.

Im ganzen tendierten die Älteren – und wohl auch die Angehörigen der alten Familien – eher zu einer konservativen Haltung, die Jüngeren dagegen wandten sich dem Neuen zu, nicht selten mit großer Begeisterung.

In deutlicher Erinnerung ist mir von diesen Auseinandersetzungen nur eine Episode geblieben. Der größte deutsche Zusammenschluß in der Hauptstadt war die »Revaler Liedertafel«, ein typisch mittelständischer Verein, in dem die der »Bewegung« zuzuzählende Mehrheit unverhofft eine außerordentliche Mitgliederversammlung erzwang, auf der man den bestehenden Vorstand durch Persönlichkeiten ablöste, die in dem politischen Geschehen in Deutschland einen Aufbruch in eine bessere Zukunft sahen. Das Establishment war konsterniert. Seine Klubs und Vereinigungen machten mobil und forderten ihre Mitglieder auf, der Liedertafel in Massen beizutreten, um die unerwünschte Mehrheit wieder zu kippen. Herren, die nicht einmal Kirchenlieder richtig zu singen vermochten, traten dem Gesangverein bei, und auf einer neuerlichen außerordentlichen Mitgliederversammlung wurde die Ordnung wiederhergestellt. Das »System« hatte Stärke gezeigt, und insgesamt behielt es in Estland schließlich die Oberhand, bis mit der Umsiedlung das alte Deutschbaltentum ohnehin sein Ende fand. In Lettland dagegen, wo die Verhältnisse in mancher Hinsicht anders lagen, setzte sich die Bewegung durch.

Für die Jugend galt das allerdings auch in Estland. 1932 wurde das Deutsch-Baltische Pfadfinderkorps (DBPK) gegründet. Wie schon der Name sagt, konnte das Pfadfinderkorps vom Ursprung her nicht der Hitler-Jugend gleichgesetzt werden. Seine Wurzeln lagen in der bündischen Bewegung. Doch im Laufe der Zeit sickerte immer mehr nationalsozialistisches Gedankengut ein, und auch die äußeren Formen glichen sich dem militanten Gehabe der HJ an. Als ich 1934 beitrat, war dieser Prozeß schon weit fortgeschritten.

Warum also bin ich selber beigetreten? Merkwürdigerweise vermag ich auf diese Frage keine präzise Antwort mehr zu geben. Unvermeidbar war der Beitritt jedenfalls nicht. Von meinen sechzehn Klassenkameraden sind mindestens sechs nicht Pfadfinder gewesen. Daß sie deswegen isoliert oder gar verfemt gewesen wären, davon kann überhaupt keine Rede sein.

Sicher war auch ich als junger Mensch begeisterungsfähig und vom Neuen angetan. Aber die Einflüsse, denen ich ausgesetzt war, bei Onkel Georg und danach im Hause Girgensohn, wiesen ja eigentlich in die Richtung eines vernünftigen, besonnenen und eher konservativen Denkens. Das entsprach auch meiner eigenen Neigung, weshalb es ein Generationsproblem bei mir im Grunde nicht gab. Hinzu kam, daß ich in mancher Hinsicht zu den sogenannten »Spießern« gehörte. So bezeichnete der bewegte Teil der Jungen diejenigen, die rauchten, tranken und sich Vergnügungen wie dem Kartenspiel hingaben. Genau das aber tat ich, und zwar mit Leidenschaft, vor allem an den Wochenenden im Haus meines Klassenkameraden Ernst Georg von Mueller.

Auch bestachen mich nicht etwa irgendwelche Führerpersönlichkeiten im Pfadfinderkorps. An dessen Spitze stand zunächst ein junger Mann mir unbekannten, jedenfalls nicht baltischen Herkommens namens Gert, der für mich etwas Undurchdringliches, leicht Funestes hatte und mir wenig sympathisch, ja sogar etwas unheimlich war. Rückschauend frage ich mich, ob er nicht von irgendwelchen Stellen in Deutschland ferngesteuert wurde. Nach einem Krawall im Christlichen Verein Junger Männer – gewissermaßen unserer Konkurrenz –, dem einzigen halbwegs gewalttätigen Zwischenfall, den das Pfadfinderkorps sich zuschulden kommen ließ, mußte er gehen. Er galt als der Urheber der durchaus unbaltischen Aktion, und die Elternschaft zwang ihn, von der Bildfläche zu verschwinden. Auch hier zeigte das Establishment eine für das estländische Deutschtum charakteristische Entschiedenheit.

Nachfolger von Gert T. wurde der Turnlehrer Otto H., Pitt, wie wir ihn nannten. Der große, schlanke und blonde Mann entstammte einer bekannten Literatenfamilie und war grundanständig. Enthusiasmieren aber konnte er mich nicht, und um mich wirklich zu gewinnen, hätte es eben auch einer geistigen Führung bedurft. Diese vermochte mir auch Hans-Jürgen B. nicht zu geben, der die eigentliche Seele des Pfadfinderkorps war, jedenfalls in Reval. Der muskulöse Mann mit den breiten kräftigen Zügen trug den Spitznamen Massa, war gleichfalls Sproß einer Literatenfamilie und sicher auch ein Intellektueller. Aber sein übertriebenes Engagement und sein verkrampftes Wesen lagen mir nicht. In noch höherem Maße galt das von unserem Ideologen, einem schmächtigen Bürschchen, das wir Lumpi hießen. Im Gegensatz wohl zu den meisten von uns, jedenfalls zu mir, hatte er Hitlers »Mein Kampf« gelesen, vor allem aber das Standardwerk der NS-Ideologn, den »Mythus des

20. Jahrhunderts« von dem ehemaligen Zeichenlehrer an der Domschule, Alfred Rosenberg. Was ich da hörte, konnte ich nicht ganz ernst nehmen, und Lumpi kam mir eher komisch vor. Der einzige der Aktivisten, der mir persönlich näherstand, war mein Klassenkamerad Oskar Ehnbohm, ein Idealist reinsten Wassers. Sein Vater war Hausmeister im Gebäude der Versicherungsgesellschaft EKA, und in der Ehnbohmschen Wohnung im Kellergeschoß habe ich viele sogenannte »Heimabende« verbracht. Ich mochte Bommel, wie wir Oskar nannten, wirklich gern, doch jemand, an dem ich mich hätte orientieren können, war er gewiß nicht.

Nur zwei Persönlichkeiten im Pfadfinderkorps haben mich beeindruckt. Der eine war Walter Masing aus Dorpat, dem ich allerdings nur im Sommerlager begegnete. Er war etwa fünf Jahre älter als ich und besaß die seltene Gabe der natürlichen Autorität. Wenn er vor einem stand mit seinem schmalen, scharf geschnittenen Gesicht und sein Gegenüber aus den auffallend blauen Augen streng fixierte, nahm man innerlich Haltung an. Außerdem war er hochintelligent, eher willensstark als fanatisch und ein vorzüglicher Sänger und Klampfenspieler. Lieder aber spielten bei uns, wenngleich nicht für mich persönlich, eine große Rolle. Zunächst herrschten die Lieder der bündischen Jugend vor, in denen deren zwar unschuldige, aber dennoch nicht ungefährliche Romantik zum Ausdruck kam. Nach und nach wurden sie von Kampfliedern der HJ verdrängt, militanten und in einzelnen Fällen schändlichen Liedern.

Mehr noch beeindruckte mich Dietrich Luther. Mittelgroß, mit rundem Kopf und eigentlich unschönen Zügen, strahlte er dennoch ein starkes Charisma aus. Obwohl dieser hochintelligente Junge engagiert bis zum Fanatismus war, konnte ich mich dem Eindruck seiner Persönlichkeit doch nicht entziehen. Niemand unter uns zweifelte daran, daß Didi, wie wir ihn nannten, berufen sei, das Pfadfinderkorps und dereinst die ganze Volksgruppe zu führen. Doch soweit war es noch lange nicht. Dieser Sproß der reichsten deutschen Industriellenfamilie Revals war ein Jahr jünger als ich. So ging mein Entschluß, Pfadfinder zu werden, wohl letztlich darauf zurück, daß es »in« war, daß die Mehrzahl meiner Freunde auch diesen Weg wählte und daß dies das Neue war, dem es zu folgen galt.

Übrigens gefiel mir manches am Pfadfinderleben durchaus, nicht zuletzt das Sommerlager, an dem ich allerdings nur ein einziges Mal teilgenommen habe. Es muß 1935 oder 1936 gewesen sein, am nordestländischen Strand, meiner Erinnerung nach in Wainopäh (Vainupea). Wohl an die hundert Jungen, kampierten wir zwei Wochen in Zelten, wanderten, sangen, spielten Spiele. Weniger mochte ich den Frühsport in der morgendlichen Kälte und schon gar nicht das nackte Baden. Fasziniert aber war ich von den Fahnenappellen zu Beginn des Tages. Da traten wir alle in militärischer Formation an, die Truppführer machten dem Lagerältesten zackig Meldung, und nach dem Hissen der Fahne wurde das Korpslied gesungen. Wie die estnischen Militärparaden auf dem Freiheitsplatz in Reval am Unabhängigkeitstag, machten auch diese Exerzitien einen starken, erhebenden Eindruck auf mich. Woher ich diese Schwäche für »Pomp and Circumstance« habe, habe ich nie ergründen können. Auch unsere Uniform, das russischgrüne Hemd mit schwarzen Hosen, Schulterriemen und Koppel, habe ich gern und mit Stolz getragen, und ich genoß unsere Aufmärsche, wenn wir etwa in der Turnhalle der Domschule bei Sportfesten antraten, breitbeinig, die Daumen ins Koppel geklemmt, mit Trommeln und Fanfaren.

Eben diese Trommeln und Fanfaren aber wurden uns zum Verhängnis. Eines Tages veranstalteten wir stolzgeschwellt einen Marsch durch die Innenstadt von Reval, etwa 150 Mann stark, mit Fahnen und den besagten Trommeln und Fanfaren, die in den engen Gassen der Altstadt einen Höllenlärm machten, was unsere jungen Herzen höher schlagen ließ. Leider brachte der Radau auch das Blut der Esten in Wallung, die unsere Hochgefühle natürlich keineswegs teilten. Weitere Umzüge wurden verboten und bald das ganze Pfadfinderkorps aufgelöst. Wir durften nur noch sogenannte Schülerbünde in den einzelnen Schulen haben. Auch unsere Uniform mußten wir ausziehen und sie durch weiße Hemden und weiße Kniestrümpfe ersetzen. Es war alles nicht mehr dasselbe.

Im Domschul-Schülerbund wurde ich alsbald zum Schulungsleiter bestellt, worauf ich mir nicht wenig einbildete. Doch sollte sich bald zeigen, daß ich damit einen Schritt in die falsche Richtung gemacht hatte.

Wie gesagt, hatten mir die bündischen Aspekte des Pfadfinderlebens im großen und ganzen zugesagt. Das galt auch von den sozialen Aufgaben. Wir halfen Grundbesitzern auf ihren Restparzellen bei der Ernte oder der Drainage und leisteten Dienste wie Holz spalten oder Kohlen schleppen in den Haushalten älterer oder bedürftiger oder kranker Landsleute. Wir sammelten auch für karitative Zwecke. Da ich in den Ferien ohnedies auf dem Land lebte, habe ich am Landhilfdienst zwar nicht teilgenommen und mich vor den gemeinnützigen Arbeiten, zu meiner Schande sei's gesagt, zumeist gedrückt. Aber einwenden ließ sich dagegen gewiß nichts. Im Gegenteil, man tut der damaligen Jugend Unrecht, wenn man über den ideologischen Verirrungen den Idealismus übersieht, von dem sie beseelt war.

Die Ideologie aber, die zunehmend aus Deutschland importiert wurde, machte mir Schwierigkeiten.

Das bezog sich nicht auf ihre nationalistischen Aspekte, als vielmehr darauf, was man damals Weltanschauung nannte. Im Gegensatz zu den Kommunisten bedienten sich die Nationalsozialisten zwar nicht immerzu des Begriffs der Parteilichkeit, forderten aber, daß man sich ohne Wenn und Aber der nationalsozialistischen Sicht der Dinge unterwerfen solle, was letztlich auf dasselbe hinauslief und mir absurd und unannehmbar erschien.

Ich war ja zum Rationalisten erzogen worden und glaubte in meiner Einfalt damals fest, daß es nur die »objektive« Wahrheit geben könne, die es ohne Vorbehalt anzuerkennen gelte. Daß einem ein Glaube aufgezwungen werden könne, der evidenten Tatsachen zuwiderläuft, erschien mir vernunftwidrig.

Zum Austrag kam die Sache an einer ganz ausgefallenen Frage, nämlich an der Beurteilung Karls des Großen. In ihrem nordischen Wahn hatten die Nazis gegen Karl eine lebhafte Abneigung entwickelt. Er galt ihnen als der »Sachsenschlächter«, weil er in seiner Auseinandersetzung mit dem Sachsenherzog Widukind der Überlieferung nach dreitausend der nordischen Sachsen umgebracht hatte. Nun galt der Geschichte ja mein ganz besonderes Interesse, und es erschien mir lächerlich, daß man uns eine solche Sicht der Dinge aufzwingen wollte. Für mich war Karl der Große der Urvater des späteren Deutschen Reichs und sein Konflikt mit Widukind ein unvermeidbarer Schritt auf dem Wege dahin. Die andere Meinung erschien mir nicht historisch, sondern eben weltanschaulich begründet. Geschichtliche Abläufe aber waren meiner Überzeugung nach objektive Tatsachen und keine Frage der Weltanschauung. Wie man sieht, trug mein damaliges Denken der Komplexität solcher Fragen in keiner Weise Rechnung. Doch worum es in Wahrheit ging, ist, denke ich, auch heute klar.

Zu einem noch größeren und schließlich ausschlaggebenden Stein des Anstoßes wurde mir die Deutschlandbezogenheit der Schulungsmappen, die wir aus dem Reich erhielten und an denen wir uns ideologisch ausrichten sollten. Dagegen wehrte ich mich nicht so sehr aus weltanschaulichen als vielmehr aus historischen und politischen Gründen. Unser Land, so argumentierte ich, sei Estland. Hier liege unsere Aufgabe, mit ihr müßten wir uns beschäf-

1932 wurde das Deutsch-Baltische Pfadfinderkorps (DBPK) gegründet, dessen Ursprünge in der bündischen Bewegung lagen. Doch im Laufe der Zeit sickerte immer mehr nationalsozialistisches Gedankengut ein, und auch die äußeren Formen glichen sich dem militanten Gehabe der HJ an. Als ich 1933 beitrat, war dieser Prozeß schon weit fortgeschritten.

tigen, nicht mit den Problemen Deutschlands, die uns im Grund gar nicht beträfen.

Ob ich damals allerdings eine deutliche Vorstellung davon hatte, was denn nun diese Aufgabe im einzelnen sei, weiß ich nicht mehr. Ich erinnere mich nur eines Gesprächs, das ich ungefähr zwei Jahre später führen sollte, im Sommer 1939, wenige Monate vor Beginn des Krieges.

Ich war damals gerade nach zwei Semestern in Bonn nach Estland heimgekehrt, erheblich ernüchtert. Eines Abends suchte ich Didi Luther in der schönen Villa seiner Familie im Waldort Kosch (Kose) bei Brigitten (Pirita) auf. Unser Gespräch dauerte die ganze Nacht. »Du wirst uns eines Tages zu führen haben«, sagte ich ihm sinngemäß. »Es wird deine Aufgabe sein, dahin zu wirken, daß wir in diesem Lande bleiben können, um sein Leben im Geiste unserer baltischen Tradition mitzugestalten. Das wirst du aber nur können, wenn du zum politischen Geschehen in Deutschland Abstand gewinnst und dich auf die Probleme unserer Heimat konzentrierst.«

Ich habe vergebens mit Didi gerungen. Dieser bemerkenswert begabte und charismatische junge Mensch ließ sich in seinem leidenschaftlichen Engagement nicht erschüttern. Er ist später als Offizier der Waffen-SS gefallen.

Mein »Abweichlertum« blieb am Ende nicht ohne Folgen. Da ich mich mit Massa B. über die Beurteilung der aus Deutschland kommenden Schulungshefte nicht einigen konnte, wurde ich als Schulungsleiter wieder abgesetzt. Ausgetreten bin ich deswegen aus dem Schülerbund nicht. Aber da ich intellektuell eitel war, blieb mir meine Mitgliedschaft fortan gleichgültig.

Charakteristisch für die nationalsozialistische Ideologie war vor allem der Antisemitismus. Wie stand es damit bei uns?

In Estland gab es vor dem Zweiten Weltkrieg etwa 4500 Juden, die ähnlich wie die Deutsch-Balten in Streusiedlung lebten, und zwar fast ausnahmslos in den Städten. Sie gehörten zumeist den freien Berufen oder dem Handelsstand an. Ähnlich wie wir hatten auch sie von dem Recht Gebrauch gemacht, eine Kulturselbstverwaltung zu bilden, die in Reval ein Gymnasium mit russischer Unterrichtssprache unterhielt.

Es muß leider gesagt werden, daß die Juden sich bei den Deutsch-Balten auch schon vor dem Eindringen nationalsozialistischer Ideen weder großen Ansehens noch gar besonderer Beliebtheit erfreuten. Ich selber dachte über sie in Klischees, die ich nur von den Erwachsenen übernommen haben kann und die offenbar weit verbreitet waren. Vor allem hielten wir die Juden für feige. Hätte man mir damals von den brillanten Feldzügen der heutigen israelischen Armee erzählt, wäre ungläubiges Staunen meine Reaktion gewesen. Juden galten ferner als aufdringlich, als penetrant, wie man damals sagte. Es hieß, daß es unter ihnen Schacherer und Wucherer gebe, vor denen man sich in acht nehmen müsse. Der Handel, so sagte man, liege ihnen mehr als produktive Tätigkeiten. Dementsprechend wurde den Juden auch die schöpferische Begabung in der Kunst bestritten, während man ihre hohe Befähigung als ausübende Künstler, als Pianisten etwa oder als Violinisten, uneingeschränkt anerkannte. Diese weitverbreiteten Vorurteile aber verdichteten sich keineswegs zu einem virulenten Antisemitismus. Von »eliminatorischen« Tendenzen konnte nicht einmal in Ansätzen die Rede sein. Das hat sich, in Estland jedenfalls, auch bis zur Umsiedlung im Spätherbst 1939 nicht geändert.

Unter den zeitgenössischen Schriftstellern erfreuten sich auch bei uns Stefan Zweig und Jakob Wassermann großer Beliebtheit und hohen Ansehens, ähnlich wie auch Franz Werfel. Die Filme der UFA fanden großen Zuspruch, und kein Hahn krähte danach, wie viele der Regisseure und Schauspieler Juden waren. Als der große Geiger Bronislaw Huberman in Reval gastierte, rechnete meine Mutter es sich zur hohen Ehre an, bei einem Diner seine Tischdame zu sein, und sie sprach davon noch jahrelang mit Stolz und Bewunderung für den großen Künstler. Auf ihrem Schreibtisch hatte eine kleine in Leder gebundene Ausgabe von Heines »Buch der Lieder« ihren Ehrenplatz.

Im täglichen Leben waren die Kontakte zwischen baltischen Deutschen und Juden zwar gering, wo sie aber stattfanden, verliefen sie, soweit ich das wahrgenommen habe, problemlos. Daß meine Ziehmutter Benita Girgensohn väterlicherseits jüdischer Herkunft war, hat mich niemals auch nur im geringsten gestört. Ich habe mich mit ihr vorzüglich verstanden und sie von Herzen gemocht. Auch kann ich mich nicht entsinnen, daß wir uns je über politische Fragen gestritten hätten.

Das Pfadfinderkorps allerdings war, wie das bei einer »bewegten« Jugendorganisation naheliegt, von dem antisemitischen Virus viel stärker infiziert als die deutsch-baltische Gesellschaft insgesamt. So erinnere ich mich, daß wir ein schändliches, aus Deutschland stammendes Lied sangen, in dem vom Untergang der Juden im Roten Meer die Rede war. Dieses Lied habe ich munter mitgesungen oder gegrölt, wie man heute aus solchem Anlaß mit Recht sagen würde. An Gewalt oder gar Genozid habe ich dabei nicht gedacht, das kann ich mit Gewißheit sagen. Aber geschämt habe ich mich eben auch nicht, und natürlich kann die fortwährende Wiederholung solcher Vorstellungen die Seele vergiften – und das war ja wohl auch beabsichtigt.

Eines Vorfalles erinnere ich mich, der uns ärgerte, aber zugleich auch erheiterte. Bei einer der Militärübungen, die alljährlich zum Abschluß des Schuljahres stattfanden, teilte die estnische Manöverleitung die Domschule dem Jüdischen Gymnasium als Reserve zu. Das kam uns lächerlich und ärgerlich zugleich vor, denn die Juden waren doch unsoldatisch, wir Deutsche aber das Gegenteil! Und nun sollten ausgerechnet wir Deutsche den Juden hinterherzotteln! Doch wir zottelten, und besonders aufgeregt hat die Sache uns nicht.

Übrigens haben mindestens bis 1934 sportliche Beziehungen zwischen den beiden Schulen bestanden. Ein israelischer Freund, der in jenem Jahr nach Palästina ausgewandert war, erzählte mir Jahrzehnte später, wie er in der Volleyballmannschaft seiner Schule gegen die unsere gespielt habe.

Insgesamt glaube ich mich nicht zu täuschen, wenn ich sage, daß die »jüdische Frage« bei uns keine große Rolle gespielt hat, selbst im Pfadfinderkorps nicht.

Nach Dorpat und zurück

Die Ferien meiner letzten Schuljahre verbrachte ich fast ausschließlich in Kurküll. Hier hatte sich seit Onkel Georgs Tod vieles verändert. Mit Kutsch- und Reitpferden, mit Auto und Chauffeur, mit Diener, Köchin und Stubenmädchen hatte er noch einen Lebenszuschnitt zu erhalten gewußt, der jedenfalls entfernt an die gute alte Zeit vor der Güterenteignung erinnerte. Nach seinem Tod aber zeigte die wahre Lage sich weit weniger günstig, als zunächst angenommen worden war. Denn seinen Bedarf an barem Geld hatte Onkel Georg hauptsächlich durch Einnahmen gedeckt, die ihm aus Aufsichtsratsposten zugeflossen waren und nun wegfielen. Andererseits war abzusehen, daß die estnische Regierung den Pachtvertrag über das Jahr 1940 hinaus nicht verlängern würde. So wurde Mitte der dreißiger Jahre ein Kompromiß ausgehandelt. Die Pacht über 450 Hektar wurde in Eigentum im Umfang von 150 Hektar umgewandelt. Alles wurde eingeschränkt, das Auto verkauft, Diener und Chauffeur entlassen, die Reitpferde abgeschafft. Nur ein Kutschpferd behielt man. Die drei Damen, die das Gut bewohnten, erhielten bei freier Unterkunft ein Taschengeld von je 20 Kronen im Monat, was der heutigen Kaufkraft von etwa 200 DM entsprochen haben mag.

Meine Erinnerung an die Zeit, die ich während dieser Jahre in Kurküll verbrachte, ist merkwürdig blaß, mit einer Ausnahme allerdings. In eben diese Zeit, von meinem fünfzehnten Jahr bis etwa zu meinem neunzehnten Geburtstag, fällt das Erwachen meiner ersten großen Neigung, deren

Gegenstand mir aber unerreichbar blieb. Wenn ein sehr junger Mann einer Frau begegnet, die ein gutes Stück älter ist als er, wird sie es in der Regel sein, die bestimmt, welche Wendung die Beziehung letzten Endes nimmt. So war es jedenfalls hier.

Meine Mutter scheint an diesem Verhältnis immer nur die äußerlich wahrnehmbare Freundschaft registriert zu haben, obwohl es von meiner Seite viel mehr war. Doch schon daran muß sie gelitten haben. Ihr Zusammenleben mit Anita Stackelberg war von Beginn an von einer Spannung beherrscht, die mit den Jahren nur wuchs. Ich habe das natürlich gespürt, aber keine Rücksicht darauf genommen. Die Freundschaft, wenn man es so nennen will, bedeutete mir viel zuviel. Und vielleicht war es am Ende besser so. Daß alle Beteiligten mir zugetan waren, hat das Miteinander eher erleichtert. So fällt auf die undeutliche Erinnerung an jene Zeit in Kurküll trotz allem ein schönes, belebendes Licht.

Noch etwas anderes ist meiner Mutter damals wohl entgangen und auch in späteren Jahren nie so recht klargeworden. Onkel Nicko war sicher von Anfang an entschlossen gewesen, dem Zusammenleben meiner Mutter mit seiner Lieblingsnichte ein Ende zu machen, so bald wie nur irgend möglich. Rückschauend habe ich keinen Zweifel, daß meine eigene Situation für die Bestimmung des Zeitpunkts entscheidend gewesen sein muß. Man wollte mir das Zuhause in Kurküll nicht nehmen, solange ich noch in die Schule ging. So mußte Anita mehr als vier Jahre warten, ehe sie die Stelle der Hausfrau wieder einnehmen konnte, die sie ohne Zweifel als ihre rechtmäßige ansah. Das ist ihr und Onkel Nicko sicher nicht leicht geworden. Erst als ich im Herbst 1938 zum Studium nach Deutschland ging, wurde der

Schnitt in meiner Abwesenheit vollzogen. Für Mama bedeutete er eine Katastrophe. Ich aber schulde den Stackelbergs bei aller Härte ihres Vorgehens doch Dank. Mir gegenüber zeigten sie sich nobel.

Mein Abitur machte ich Ende des Schuljahres im Mai oder Juni 1938. Das Ergebnis war nicht schlecht, aber auch keineswegs brillant. Wenige Monate zuvor hatte mich Direktor Winkler zu sich rufen lassen und mir zu meiner Verblüffung erklärt, daß man einen Abschluß cum laude von mir erwarte. Ich solle mich entsprechend anstrengen. Ich war ob dieser Fehleinschätzung sprachlos. Offensichtlich war ich ein Blender. Also blieb mir nichts übrig, als den Direktor über den wahren Sachverhalt aufzuklären: Latein ganz gut, aber keineswegs glänzend, Mathematik so lala, Estnisch und Russisch knapp behauptet. Nur in Geschichte, Deutsch und philosophischer Propädeutik wies ich erstklassige Leistungen auf, und diese waren es wohl auch, die den irrigen Eindruck hervorgerufen hatten. Mein Direktor zeigte sich enttäuscht, aber einsichtsvoll, und damit hatte sich's. Immerhin reichte es dann, um als einer der beiden Festredner auserkoren zu werden, die am Abiturientenaktus mit einem Vortrag glänzen durften. Es war das erste Mal, daß ich jenen ganz seltsamen rauschartigen Zustand erfuhr, der den Redner überkommt, wenn er nach stockendem Beginn spürt, seine Hörer gefangen zu haben. Unzählige Male habe ich seither reden müssen, und nie bin ich das Lampenfieber losgeworden; fast immer aber hat sich dann auch jenes lustvolle Gefühl eingestellt, die Aufmerksamkeit des Publikums gefunden und festgehalten zu haben. So stelle ich es mir vor, wenn man Klavier spielen kann.

Nun aber galt es die nächsten Schritte zu überlegen. Daß ich studieren würde, stand fest, fragte sich nur, was und wo. Vor allem aber erhob sich drohend am Horizont der Militärdienst, über dessen Strenge und Härte man von älteren Freunden und Verwandten wahre Schauergeschichten hörte. Dementsprechend hatte ich Manschetten. Theoretisch hätte ich noch Zeit gehabt, denn man brauchte erst mit dem Erreichen des zwanzigsten Lebensjahres zu dienen, und ich war eben erst neunzehn geworden. Aber damals neigte ich noch dazu, Unangenehmes nicht aufzuschieben, sondern die Flucht nach vorn zu ergreifen. Ich beschloß also, mich als Freiwilliger zu melden.

Gleichwohl unternahm ich noch einen letzten Versuch, um den Militärdienst herumzukommen, und zwar aufgrund meiner schlechten Augen. Warum sollten sie nicht endlich einmal etwas nützen? Seit meiner Geburt litt ich an einer in meiner Familie leider erblichen leichten Verwerfung des linken Auges, die dazu führt, daß praktisch nur das rechte Auge in Anspruch genommen wird, was wiederum zur Folge hat, daß das linke seine Sehkraft weitgehend einbüßt, bei mir zu über achtzig Prozent. Bis zum zehnten Lebensjahr kann man dem entgegenwirken, indem das gute Auge täglich für einige Stunden verdeckt und das andere dadurch zum Arbeiten gezwungen wird. So ist es etwa gelungen, die Sehfunktion bei meinem Enkel Sebastian auf beiden Augen vollständig zu erhalten. Auch mir wurde seinerzeit eine »Mattscheibe« verordnet, doch wie fast alle Kinder hatte ich nicht die mindeste Lust, sie anzulegen. Sie war mir einfach lästig, und niemand erklärte mir, wozu sie eigentlich gut war und wie bald es für Korrekturen zu spät sein würde. So legte ich sie denn beiseite und habe als Resultat mein Leben lang praktisch mit einem Auge auskommen müssen.

Nun aber gedachte ich, daraus auch einmal einen Vorteil zu ziehen. Zu diesem Zweck begab ich mich zu einem damals bekannten Revaler Augenarzt, um mir ein entsprechendes Attest zu besorgen. Der Professor, ein würdiger Herr, der mit starkem russischem Akzent sprach, stellte dann auch fest, daß ich dienstuntauglich sei.

»Und was geschieht nun?« wollte ich wissen.

»Jetzt Sie werden gehen vor die Kommission«, lautete der Bescheid, »und Sie werden zeigen den Attest, und man wird Sie schicken zum Militärhospital zur Überprüfung.«

»Und was werden sie dort mit mir machen?« fragte ich.

»Nun, dort der leitende Militäraugenarzt wird überprüfen den Attest, und das bin ich.«

In der angenehmen Gewißheit, ungeheuer schlau gewesen zu sein, begab ich mich zum festgesetzten Termin vor die Musterungskommission. Deren Mitglieder betrachteten mein Attest mit ernster Miene und forderten mich auf, in einem Wartezimmer Platz zu nehmen. Nach einer Weile wurde mir dann eröffnet: Untauglich als Freiwilliger, tauglich als Gezogener. Zurückgestellt zur Einberufung am 15. 09. 1939.

Tableau! Ich eilte zu meinem Professor, um bewegt Klage zu fuhren.

»Nun ja«, meinte er, »ich habe mich geirrt. «

»Und was soll ich jetzt machen?« fragte ich.

»Nun, Sie werden müssen dienen«, lautete die ungerührte Antwort.

So landete ich in der schlechtesten aller Welten. Dienen mußte ich, konnte damit aber nicht vor Ablauf von über einem Jahr beginnen. Als Alternative blieb nur der Studienbeginn.

Für mich gab es keinen Zweifel, daß ich an der Landesuniversität Dorpat (Tartu) studieren würde, was sich jedoch keineswegs von selbst verstand. Die Berufsaussichten für junge Deutsch-Balten waren in Estland alles andere als rosig. Der öffentliche Dienst blieb ihnen praktisch verschlossen, und soweit Deutsch-Balten als Beamte oder Offiziere noch im Dienst waren, gerieten sie unter Druck, ihre Namen zu estisieren. So wurde meiner Erinnerung nach aus einem Baron D. ein Herr Kaljuvere. Zumal im kleinen diplomatischen Dienst des Landes waren die Chancen gleich Null, und Diplomat zu werden war ja mein Berufsziel. Meines Wissens gab es in Estland nur einen einzigen Diplomaten deutscher Herkunft, den Gesandtschaftsrat in Berlin, Rudolph Mickwitz. Doch auch im Banken- und Versicherungswesen und in der gewerblichen Wirtschaft standen die Chancen nicht gut. Zwar kontrollierte die deutsche Volksgruppe noch immer einen relativ großen Teil der Wirtschaft, aber den ganzen akademischen Nachwuchs der Deutschbalten angemessen unterzubringen, reichte die Kapazität bei weitem nicht. Was schließlich die freien Berufe betraf, so steckten auch sie in einer schweren Krise; ihre Klientel beschränkte sich mehr und mehr auf die Angehörigen der eigenen kleinen Minderheit.

Die Perspektive war somit ziemlich eindeutig und mir auch durchaus klar. Wer in der Heimat blieb, mußte damit rechnen, sein Brot als mehr oder minder kleiner Angestellter zu verdienen, bei kärglichem Salär. Vieles sprach deshalb dafür, auszuwandern. Auch mein Vater drängte mich dazu.

Seine eigene Laufbahn hatte sich, nach kleinen Anfängen, hoffnungsvoll angelassen. Er stieg in seiner Bank zum Hauptkassierer auf und wurde 1936 zum Leiter der Kreditabteilung berufen, traditionsgemäß das Sprungbrett in die Direktion. Doch mein armer Papa war beim besten Willen kein Geschäftsmann, dazu fehlte ihm schlicht und einfach die natürliche Begabung. Eines Tages bewilligte er einen Kredit, der sich als faul erwies. Und leider warf er dem schlechten Geld auch noch gutes nach. Das kostete ihn die Kreditabteilung und damit die Aussicht auf eine weitere Karriere in der Bank. Er wurde auf den ehrenvollen Posten des Filialinspektors abgeschoben, ein totes Gleis.

Ich war fest entschlossen, an der Landesuniversität Dorpat zu studieren, obgleich die Berufsaussichten für junge Deutsch-Balten in Estland alles andere als rosig waren. Aber trotz einer erfolgreich bestandenen Aufnahmeprüfung habe ich die Dorpater Universität nie von innen gesehen: Am 1. September brach der Zweite Weltkrieg aus, und zum 15. September erhielt ich meinen Gestellungsbefehl zum Dienst in der estnischen Armee.

Den Ausdruck, mit dem Papa mir das erzählte, werde ich nicht vergessen. Der stolze Mann wirkte leidend und in seinem Selbstgefühl tief getroffen. Gleichwohl nahm ich das damals wohl nur oberflächlich wahr. Wirklich begriffen, was in Papa damals vorgegangen sein muß, habe ich erst 27 Jahre später, als ich selbst die erste – und letzte – schwere Enttäuschung in meinem Beruf hinnehmen mußte. Wie dem auch sei, seine eigene Erfahrung, aber auch eine deutliche Neigung zu jenem »Neuen«, das sich in Deutschland tat, haben meinen Vater wohl veranlaßt, mir zu empfehlen, ich solle in das Land der Vorväter auswandern.

Ich aber wollte trotz alledem in der Heimat bleiben, wenngleich ich heute schwer sagen kann, welche Gründe mich dazu bewogen. Immerhin hatte ja schon in der Kontroverse um die HJ-Schulungsmappen eine Rolle gespielt, daß sie sich mit den Problemen Deutschlands beschäftigten, die meiner Ansicht nach nicht die unseren waren. Meine emotionale Bindung an die Heimat muß damals also sehr stark gewesen sein.

So begann ich mich auf Dorpat vorzubereiten. Das Fach, für das ich mich entschied, war Jura. Ausschlaggebend dafür war vermutlich, daß ich als Historiker bei uns nur Lehrer hätte werden können. Eine pädagogische Befähigung aber habe ich mir nie zugetraut, und auch das mehr als magere Gehalt, das wir unseren Lehrern zumuten mußten, dürfte mich abgeschreckt haben. Jura bot wenigstens eine breitere Palette an Berufsmöglichkeiten.

Ganz so einfach aber war der Entschluß, nach Dorpat zu gehen, dennoch nicht. Da gab es zunächst die Frage der studentischen Verbindung. Die Nationalsozialisten waren Gegner der Korps, die in Deutschland damals schon verboten waren. Auch in Dorpat hatten »bewegte« Studenten inzwischen ein sogenanntes Kameradschaftshaus gegründet, das den baltischen Traditionskorps das Wasser abgraben sollte. Für mich aber stand von Anfang fest, daß ich dorthin nicht gehen würde. Blieb also nur eines jener Traditionskorps, in die die Abkömmlinge adliger Familien einzutreten pflegten, wobei sie sich in aller Regel gemäß ihrer jeweiligen Herkunft entschieden. Livländer traten also der Livonia bei, Estländer der Estonia.

Die drei baltischen Provinzen Livland, Estland und Kurland hatten an der Landesuniversität Dorpat seit dem Beginn des 19. Jahrhunderts ihre Traditionskorps, die sich von den studentischen Korporationen in Heidelberg oder Bonn nur wenig unterschieden. Das Korpsfoto von 1912 zeigt meinen Vater, der als Livländer der »Livonia« angehörte (2. Reihe, dritter v. l.).

Ich selbst sah mich vor einem Dilemma. Einerseits gehörte ich einer nordlivländischen Familie an, einer Familie also aus dem südlichen Teil der Republik Estland. Andererseits hatte ich immer nur im nördlichen Teil der Republik gelebt, also in der alten Provinz Estland, und alle meine Freunde waren »Estländer«. So erklärte ich, der Estonia beitreten zu wollen.

Das erzeugte einen Sturm im Wasserglas. Die deutschbaltischen Korporationen litten alle unter Nachwuchsmangel, da die Auswanderung und Abdrift ins Kameradschaftshaus ihren Zoll gefordert hatten. Besonders schlecht aber war die Livonia dran. Südlivland gehörte seit der Wende zu Lettland, und die von dort stammenden Landsleute waren gezwungen, an der lettischen Landesuniversität Riga zu studieren. Die Nachwuchssorgen der Livonia hatten infolgedessen ein Ausmaß erreicht, bei dem sich die Frage stellte, wie lange das Korpsleben überhaupt aufrechtzuerhalten sei. Mit Argusaugen verfolgten Acitivitas und Philister deshalb den Werdegang prospektiver Kandidaten, und um so grimmiger war die Enttäuschung, wenn einer von ihnen abtrünnig zu werden drohte. Man würde mich auf dem Fechtboden zu »Hackepeter« machen, so wurde meinem Vater bedeutet, dessen Livonenherz unter dem Entschluß des entarteten Sohnes sicher auch gelitten hat. Eine solche Drohung war um so beunruhigender, als ich mit der Klinge des gewaltigen Karl August Stackelberg im Paukverein der Domschule ja schon schmerzvolle Bekanntschaft gemacht hatte. Doch trotz dieser wenig verlockenden Auspizien und nicht ohne böse Vorahnungen blieb ich bei meinem Entschluß, Estone zu werden.

Vor dem »Hackepeter« galt es noch eine andere Hürde zu nehmen, die des »Concours«. Mitte der dreißiger Jahre wurde in Estland der Numerus clausus für eine Anzahl von Studienfächern eingeführt, um einer drohenden Akademikerschwemme zu begegnen. Betroffen war auch Jura, wo es einen besonders großen Andrang gab. 1938 waren fünfzig Studienplätze für juristische Anfänger vorgesehen, die Zahl der Bewerber aber betrug rund zweihundert.

Das Examen fand Anfang September statt und sollte in einem Aufsatz über ein allgemeines politisches Thema und einer mündlichen Prüfung in estnischer Geschichte bestehen. Für mich war das eine doppelte Herausforderung, da ich nicht nur den Stoff beherrschen mußte, sondern auch in einer Sprache geprüft wurde, die nicht meine Muttersprache war und mir nicht geringe Mühe machte.

Dementsprechend habe ich den ganzen Sommer über in Kurküll estnische Sprache und Geschichte gebüffelt. Estnischen Nachhilfeunterricht nahm ich bei unserem Gemeindepfarrer, dem freundlichen Pastor Kiivit in St. Jakobi (Viru Jaagupi), der damals Mitte Dreißig sein mochte. Später ist er Erzbischof der evangelisch-lutherischen Kirche Estlands geworden, worin ihm übrigens inzwischen sein Sohn gefolgt ist. Zu ihm also pilgerte ich nun täglich per Fahrrad über fünf Kilometer kopfsteinpflasterte Straßen, eine Strapaze, die wenigstens nicht ganz vergebens war, denn der Nachhilfeunterricht hat mir am Ende viel genützt. Jahrzehnte später war ich als Referent für die Sowjetunion im Auswärtigen Amt in der Lage, mich zu revanchieren und es dem Erzbischof Kiivit zu ermöglichen, an einer Tagung der Evangelischen Kirche in Deutschland teilzunehmen. In der Erwartung, daß die Erteilung des deutschen Sichtvermerks einige Woche dauern werde, hatten die Russen Kiiwitt seinen Paß nur wenige Tage vor Beginn der Tagung ausgehändigt. Aber siehe da, ein Freund des Erzbischofs im

Auswärtigen Amt intervenierte, und der Sichtvermerk wurde rechtzeitig erteilt.

Noch heute habe ich die glühende Hitze in jenen Tagen vor dem Examen in Erinnerung, und ich weiß noch, daß ich täglich in einer *söökla*, einem Speiselokal, das »Vanemuine« hieß, für den unwahrscheinlichen Preis von 25 Sent zu Mittag aß. Das Menu bestand in der Regel aus Flickerklops, einer Art deutschen Beefsteaks, einem in Estland auch heute noch beliebten Gericht.

Das schriftliche Examen fand im Auditorium maximum statt. Wie das Thema des Aufsatzes lautete, weiß ich nicht mehr. Ich entsinne mich aber, daß ich meine Arbeit am Ende der uns zugemessenen vier Stunden einigermaßen zuversichtlich ablieferte.

Dann folgte die mündliche Prüfung. Da ich mich sehr intensiv vorbereitet hatte, konnte ich alle Fragen richtig beantworten. Nur an einer Stelle haperte es. Die Frage lautete: »Welche estnischen Offiziere, die heute [1938] Generäle sind, wurden während der russischen Revolution von den Bolschewiken nach Sibirien deportiert?« Ich vermochte sieben zu benennen. Mein Prüfer aber rügte, daß mir der achte entfallen sei. Bei dem Vergessenen handelte es sich um den Generalmajor Joonson, eine in Reval stadtbekannte Erscheinung. Als einziger Kavalleriegeneral der estnischen Armee wandelte der große schlanke Mann in einer schmucken Husarenuniform durch die Straßen, mit roten silberbetreßten Reithosen, reichbestickter Attila und einer grünen Husarenmütze, die in ihrer Form an die Kopfbedeckung unserer Totenkopfhusaren erinnerte. Man wußte, daß Joonson den guten Dingen des Lebens zugetan war, und es hieß von ihm, daß er gelegentlich nicht nur unter der Bürde seines Amtes schwankte. Diesen verdienten Krieger also hatte ich vergessen, und das sollte mir zum Schicksal werden: Ich erhielt in der Klassifizierung den Platz 51 und war damit knapp abgeschmettert. Hätte ich damals bestanden, wäre vielleicht mein ganzes Leben anders verlaufen, denn die zwei Semester Jura, die ich daraufhin in Bonn studierte, hätte ich mir 1946 nicht anrechnen lassen können. Da ich aber beim Eintritt in den auswärtigen Dienst knapp an der Altersgrenze von 32 Jahren lag, hätte ich meinen geliebten Beruf womöglich verfehlt. Doch mehr noch: ohne die Erfahrungen, die ich während meines Studium im Deutschland jener Tage machte, hätte ich mich nach der Umsiedlung manch einer Verstrickung kaum zu entziehen gewußt, vor allem nicht dem Dienst in der Waffen-SS.

Zunächst aber war ich von dem Ergebnis tief enttäuscht und besuchte meinen alten Direktor Alexander Winkler, um ihm mein Leid zu klagen. Er war verärgert, daß man einem seiner bevorzugten Schüler so übel mitgespielt hatte. Dabei sei das Verdikt nicht einmal korrekt, denn Joonson sei zwar mit den anderen festgenommen und deportiert worden, in St. Petersburg aber an Typhus erkrankt und nie bis Sibirien gelangt. Da dies aber wohl zweifellos als Spitzfindigkeit ausgelegt worden wäre, wurden wir uns einig, daß Proteste wenig Aussicht auf Erfolg hätten.

So waren die Würfel gefallen. Ich würde zum Studium ins nationalsozialistische Deutschland gehen. Die Wahl des Studienortes fiel mir dabei nicht schwer, denn in Bonn war Mamas jüngere Schwester mit dem damaligen Privatdozenten der Germanistik, Professor Heinrich Hempel, verheiratet. Das gab den Ausschlag, und so machte ich mich Ende September 1938 per Bahn auf den Weg nach Bonn.

Deutschland

Es war nicht meine erste Begegnung mit Deutschland, denn im Sommer 1930 hatten meine Eltern mich auf ihrer Autoreise ins Salzkammergut bis Berlin mitgenommen, von wo aus ich nach einigen Tagen per Bahn zu meiner Großmutter nach Schwerin weitergereist war. In Berlin hatten wir bei Mamas Freundin Angelika (Gella) Drachenfels gewohnt, die nach dem Krieg mit ihrer Familie nach Deutschland ausgewandert war. Ihr Mann, aus mir unbekannten Gründen Schmerre genannt, betrieb in Berlin ein Taxiunternehmen, das aus drei oder vier Taxen bestand. Mit knapp elf Jahren war ich zu jung, um von den Gesprächen viel mitzubekommen, aber ich erinnere mich deutlich einer sorgenvollen Atmosphäre, die sich auch mir mitteilte. Deutschland stand am Beginn der großen Krise, und Baron Drachenfels hatte offensichtlich wirtschaftliche Sorgen.

Übrigens ist mir von den Tagen im Hause Drachenfels merkwürdigerweise vor allem ein Detail in Erinnerung geblieben. Die Baronin trug beim Geschirrspülen dünne Gummihandschuhe, etwas, was ich bis dahin noch nie gesehen hatte. Und noch etwas war neu für mich: Mit ihren drei oder vier Kindern besorgte Gella Drachenfels den Haushalt selbst. Das hatte ich noch bei keiner der mir bekannten baltischen Damen erlebt, die sich auch dann, wenn ihr Lebenszuschnitt bescheiden war, bei den geringen Löhnen in Estland doch immer noch ein Dienstmädchen leisten konnten. Im Berlin der frühen dreißiger Jahre war das schon ganz anders.

Ansonsten ist mir von meinem damaligen Aufenthalt in Deutschland nicht viel im Gedächtnis geblieben. Ich weiß aber, daß das Land einen ungeheuren Eindruck von Ordnung und Sauberkeit auf mich machte. Bei uns zulande hatten die Esten in wenigen Jahren zwar eine erstaunliche staatsbildende Kraft gezeigt, aber in Deutschland waren die Verhältnisse doch eben ganz anders. Verglichen mit unseren staubigen Kieschausseen, deren Schlaglöcher ein Tempo von über 60 km/h unmöglich machten, wirkten die basaltgepflasterten, von Bäumen gesäumten deutschen Straßen wie aus einer anderen Welt. Aber auch die Eisenbahn beeindruckte mich. Daheim gab es nur Bummelzüge, die wir auch Milchzüge nannten, da sie in jedem Kaff hielten und für die 104 Kilometer von Reval bis Wesenberg fast drei Stunden benötigten. Erst in den dreißiger Jahren wurde der »Baltische Expreß« in Verkehr genommen, der deutlich schneller war. Ich erinnere mich noch, wie er das erste Mal in den Bahnhof des Knotenpunkts Taps (Tapa) einfuhr. Der Bahnhofsvorsteher fuchtelte in höchster Aufregung mit seiner Kelle herum und trieb die Reisenden in das Bahnhofsgebäude. Expreß war eben Expreß, ein noch fremdes, furchterregendes Wesen. In Deutschland aber gehörte der D-Zug zum Alltag. Mächtig imponierten mir übrigens auch die Bahnbeamten mit ihren dunkelblauen Uniformen und den schwarzen Schirmmützen mit der golddurchwirkten Paspel auf dem Schirm. Je höher der Rang, desto mehr Gold in der Paspel und auf den Schulterstücken.

Mein größtes Entzücken aber waren die Tabakläden. Kaufte man seine Papyrossy bei uns im Gemischtwarenladen, also gleichsam neben der Heringstonne, so gab es hier richtige Tabakläden, dunkel getäfelt und wunderbar duftend. Und das schönste waren die Sammelbilder, die damals den Zigarettenpackungen beilagen. Vor allem die Firma Haus Neuerburg mit ihren Marken Güldenring, Overstolz und Ravensburg tat sich damit hervor. Da gab es die Flaggen aller Nationen oder wunderschön ausgeführte Länder- und Städtewappen. Ich habe sie mit Leidenschaft gesammelt und sorgfältig in die schönen Alben eingeklebt, die dazu geliefert wurden.

Und dann die Ehrlichkeit! Vor der Wohnungstür meiner Großmutter im zweiten Geschoß ihres Mietshauses fanden wir eines Tages beim Heimkommen ihre goldene Taschenuhr in einem offenen Umschlag. Der Uhrmacher hatte sie nach einer Reparatur abliefern wollen und sie dann, da er niemanden antraf, vor der Tür niedergelegt. Das wäre im damaligen Estland nicht vorstellbar gewesen. Nun will ich nicht behaupten, daß dort zu jener Zeit so viel geklaut wurde wie heute leider in Deutschland. Man brauchte sein Fahrrad nicht unbedingt anzuketten, wenn man für fünf Minuten in ein Geschäft ging. Aber ein Risiko war es schon. Im Deutschland von 1930 aber hätte man sein Fahrrad tagelang unangeschlossen stehenlassen können. Ja, trotz des verlorenen Krieges, trotz der erst fünf Jahre zurückliegenden Katastrophe der Inflation, trotz der beginnenden Wirtschaftskrise herrschten in Deutschland noch »Treu und Redlichkeit«, also jene Sekundärtugenden, die allein zwar nicht ausreichen, um die Humanität einer Gesellschaft zu gewährleisten, ohne die aber alles früher oder später zerfällt.

Auch in den Warenhäusern kam ich mir vor wie im Schlaraffenland. Das Kaufhaus des Westens in Berlin und Karstadt in Schwerin schienen mir eine wahre Traumwelt zu sein, in der es schlechterdings alles gab, was das Herz begehrte. Und es gab Rolltreppen, die ich mit Begeisterung auf- und abwärts fuhr.

Im Jahre 1930 lag der Erste Weltkrieg erst zwölf Jahre zurück, und noch immer erinnerte vieles an das alte Kaiserreich. So verkehrte meine Großmutter mit zwei ehemaligen großherzoglich mecklenburg-schwerinschen Hofdamen, der stattlichen Frau von G. und dem zierlichen, nicht mehr jungen Fräulein Cäcilie von S., genannt Cilchen. Letztere legte ihre seidenen Handschuhe auch im Zimmer nicht ab, was meine Großmutter aber nicht daran hinderte, von mir zu fordern, daß ich ihr die Hand küßte. Das erschien mir höchst unfein, denn erstens hatte man mich belehrt, daß unverheirateten Damen ein Handkuß gar nicht zustehe, zum anderen fand ich es lächerlich, einen Handschuh zu küssen. Doch Widerstand war zwecklos, und so küßte ich denn unter meinem tief über die behandschuhte Hand gebeugten Kopf meinen eigenen Daumen.

Wilhelminische Traditionen zeigten sich auch bei Paraden und anderen feierlichen Anlässen, bei denen die ehemaligen Offiziere des kaiserlichen Heeres noch ihre alten Uniformen trugen, die sich in meinen Augen zum Teil recht merkwürdig ausnahmen.

Übrigens machte ich damals auch mit der Reichswehr, dem Hunderttausendmannheer der Weimarer Republik, Bekanntschaft. Um ihr Einkommen aufzubessern, hatte meine Großmutter das dritte Zimmer ihrer Wohnung an einen Untermieter – einen möblierten Herrn, wie man damals sagte – vermietet. Das war ein Hauptmann Jordan, der mir durch seine stramme preußische Haltung ebenso in Erinnerung ist wie durch sein freundliches, bescheidenes Wesen. Meine Großmutter hatte ihn ins Herz geschlossen und bemutterte ihn. Die Familie nannte ihn spöttisch den »Goldsohn«. Als ich ihn kennenlernte, war er etwas über dreißig Jahre alt und hoffte auf seine Beförderung zum

Major. Doch daran war bei dem geringen Personalbedarf des Heeres nicht zu denken und damit auch eine Heirat ausgeschlossen, so daß Jordan, der mir rückblickend als der geborene Familienvater erscheint, unbeweibt bleiben mußte. Übrigens ist er zweifellos ein sehr befähigter Offizier gewesen, denn im Zweiten Weltkrieg hat er es schließlich zum Generalobersten gebracht.

Dieser »Häuptling« Jordan, wie ich ihn nannte, nahm mich eines Tages in seine Kaserne mit. Ich war tief beeindruckt davon, wie die Soldaten, die uns im Flur begegneten, zackig Haltung annahmen, um herauszuschmettern: »Bitte Herrn Hauptmann, vorbeigehen zu dürfen!« Daß ich selbst dereinst in die Lage kommen würde, dasselbe bis zum völligen Überdruß zu tun, konnte ich damals nicht ahnen.

Wie die Mehrzahl der Reichswehroffiziere dürfte wohl auch Jordan kein Nazi gewesen sein. Aber sicher fühlte er als Patriot, und es mag wohl sein, daß die Berufschancen, die sich nach 1933 und namentlich nach 1936 auftaten, ihn in gewisser Hinsicht verführten. So ist es wohl vielen gegangen. Diese Menschen aus der Distanz zu verurteilen ist leichter, als sie aus der Distanz zu verstehen.

Um mich mit der politischen Lage auseinanderzusetzen, war ich 1930 mit gerade elf Jahren noch zu jung. Wohl aber erinnere ich mich, daß auch in meiner Schweriner Verwandtschaft sorgenvoll über die schlechte Wirtschaftslage und den Fluch der Arbeitslosigkeit gesprochen wurde. Zwei meiner Onkel, Erich Maydell und Harley Löwis, hatte sie persönlich betroffen. Sie gingen stempeln, wie man den wöchentlichen Bezug der Arbeitslosenunterstützung nannte, ein Begriff, der etwas leicht Anrüchiges, Beschämendes an sich hatte. Das hat sich mir tief eingeprägt und dazu beigetragen, daß ich jahrelang eine gewisse Existenzangst verspürte und befürchtete, nach beendeter Ausbildung keine Arbeit zu finden. Als es dann 1950 soweit war, traf ich auf eine ideale Konjunktur. Man brauchte jeden einzelnen meiner durch den Krieg dezimierten Generation für den Wiederaufbau.

Als ich Deutschland 1936 ein zweites Mal besuchte, war ich schon siebzehn, aber politische Eindrücke und Gespräche sind mir auch aus dieser Zeit nicht in Erinnerung geblieben. Auch entsinne ich mich nicht, nationalsozialistische Kundgebungen und Aufmärsche erlebt zu haben. Nur eine einzige Begegnung mit den Realitäten des Naziregimes hat sich mir eingeprägt. Der ältere Sohn von einem meiner Großonkel war homosexuell, eine Veranlagung, die damals ohnehin noch schwer stigmatisiert war, bei den Nazis aber als regelrechtes Verbrechen galt. So war mein Onkel zeitweilig in ein Konzentrationslager gesperrt worden. Davon sprach die Familie nur im Flüsterton und mit Grauen, er selbst aber bewahrte über das Erlebte striktes Schweigen. Es hieß, man habe ihm andernfalls schlimme Folgen angedroht.

Eher erheiternd war ein anderer Vorfall. Einer meiner anderen Onkel besaß ein Mietshaus. Eines Tages stürzte ein Mieter in seine Wohnung und bat, das Telefon benutzen zu dürfen. Bei seiner Frau hätten unerwartet die Wehen eingesetzt. Mein Onkel erwiderte, er möge erst die zehn Pfennig für das Gespräch bezahlen. Der Mieter zeigte meinen Onkel an, der daraufhin zu einem Monat Gefängnis ohne Bewährung verurteilt wurde. Das war nun zweifellos ein Strafmaß, das für das NS-Regime charakteristisch war. Die Familie aber meinte, dem Onkel sei recht geschehen.

Charakteristisch für die Zeit war übrigens auch die Art, wie meine Großmutter sich mit ihrem Drogisten begrüßte, der seinen Laden an der Ecke des Ziegenmarktes hatte. Begrüßte sie ihn mit einem »Guten Morgen«, dann schmetterte er ihr ein schallendes »Heil Hitler!« entgegen. Verabschiedete sie sich dann leicht verschüchtert mit einem leisen »Heil Hitler«, dann trompetete er »Auf Wiedersehen, Frau Baronin!«

Nun also, Anfang November 1938, kam ich ein weiteres Mal nach Deutschland, diesmal gleich für zwei Semester. Noch im Nachtzug zwischen Berlin und Bonn – Liegewagen gab es noch nicht, und der Schlafwagen wäre viel zu teuer gewesen – fragte ich mich verzweifelt, was ich denn nun eigentlich studieren sollte. In Estland hatte ich keinen Zweifel gehabt; meine Wahl war auf Jura gefallen. Doch in Deutschland, so glaubte ich jedenfalls, gab es mehr Optionen, und da mein Interesse im Grunde ja der Geschichte galt, schrieb ich mich nach meiner Ankunft in Bonn vorsichtshalber gleich bei zwei Fakultäten ein, für Jura und Geschichte. Wie schon erwähnt, sollte sich das nach dem Krieg als ein Glück erweisen und mir ein ganzes Studienjahr ersparen. Damals aber ließ sich das nicht voraussehen, und ich habe zwar Vorlesungen in beiden Fakultäten belegt, mich tatsächlich aber vor allem auf Geschichte konzentriert.

Nach der Immatrikulation galt es als erstes, eine Unterkunft, eine »Bude« zu finden, wie man damals sagte. Mein Wechsel betrug 100 estnische Kronen im Monat, das war der Unterhalt, den mein Vater für mich zahlte. Die Summe entsprach 80 Reichsmark beziehungsweise Registermark, denn es herrschte strenge Devisenbewirtschaftung und jeder Umtausch mußte registriert werden. Selbst unter den damaligen Verhältnissen ließen sich damit keine großen Sprünge machen. Für ein Zimmer mußte man 25 bis 35 Mark im Monat zahlen, Brötchen kosteten 3 Pfennig, eine

Dose Hering in Tomatensoße – in jenen Tagen ein beliebtes Abendessen schwachbemittelter Studenten – war für 27 Pfennig zu haben. Für ein Mittagessen in dem noch heute bestehenden Restaurant »Im Bären« hatte man zwischen 50 Pfennig und 1 Mark zu zahlen. Schon deshalb war ich für die häufigen Einladungen zu Hempels oder zur Familie meines Wahlonkels, des Altphilologen Professor Gerhard Deeters, sehr dankbar.

Das erste Zimmer, das ich bewohnte, befand sich unter dem Dach eines dreistöckigen Hauses in der Argelanderstraße und gehörte zu der Wohnung einer Arbeiterfamilie. Es war sehr einfach, aber auch billig, etwa 25 Reichsmark im Monat, und die Wirte waren nette Leute. Doch hatten sie kleine Kinder, die neben mir hausten und nachts oft schrien, besonders in der Karnevalszeit, die bald nach meiner Ankunft am 11. November begann. Es heißt ja, die »Bönnschen« könnten nach dem Karneval ihre Portemonnaies im Rhein waschen, ohne daß Geld herausfiele, und vielleicht veranstalteten die Kinder das Gezeter einfach deshalb, weil sie hungrig waren. Jedenfalls zog ich schon bald wieder um, erneut in die Argelanderstraße, aber näher zur Poppelsdorfer Allee, in ein typisches Bonner Bürgerhaus. Es gehörte einem Fräulein M. mittleren Alters, der Tochter und Erbin eines Metzgermeisters.

Hier zahlte ich 35 Mark im Monat, doch verstand sich meine Wirtin darauf, ihre Einnahmen durch allerhand kleine Kunstgriffe noch aufzubessern. Warmes Wasser zum Rasieren kostete 10 Pfennig pro Kanne, wobei die Anzahl der tatsächlich verbrauchten Kannen eher über den Daumen gepeilt als wirklich gezählt wurde. 25 Pfennig waren fällig, wenn man beim Heimkommen vergessen hatte, das Licht im Flur auszuschalten. Auch mit den Frühstücksbrötchen ließen sich kleine Gewinne erwirtschaften. Da drei Brötchen 9 Pfennig, vier aber nur 10 Pfennig kosteten, bestellte Fräulein M. für ihre vier Studenten je vier Brötchen, berechnete für die drei von uns bestellten je 9 Pfennig und hatte selber vier Brötchen zum Vorzugspreis für einen Pfennig das Stück.

Mir wurden diese Halsabschneidereien schließlich zu dumm, und so bot ich der guten Dame an, monatlich fünf Mark mehr zu bezahlen, um dafür von ihren täglichen kleinen Rechnungen verschont zu bleiben. Dieser Vorschlag aber wurde schlecht aufgenommen. Fräulein M. reagierte mit empörter Ablehnung, und es war keineswegs nur moralische Empörung. Ich hatte nicht begriffen, daß diese kleinen Künste für sie eine Art Sport, gleichsam ein Teil ihres Lebensinhalts waren.

Allerdings nicht der ganze, wie sich bald herausstellen sollte. Im Hause M. herrschten strenge Sitten, und Damenbesuche waren strikt verpönt. Als ich für einige Tage mit Grippe daniederlag, hatte meine noch jugendliche, sehr gut aussehende Tante – immerhin die Frau eines Bonner Professors – erhebliche Mühe, zu mir vorzudringen. Das hinderte Fräulein M. aber nicht, mit einem ihrer Studenten, einem fetten Spätsemester, ein handfestes Verhältnis zu unterhalten, um das ich die beiden übrigens nicht beneidet habe. Alles in allem war es ein guter Unterricht in bürgerlicher Moral, wie ich sie aus dem Baltikum noch nicht kannte.

Die Universität Bonn zählte 1938 etwa 3000 Studenten und galt, was ich damals zunächst gar nicht wußte, als eine Hochburg der Reaktion unter den deutschen Universitäten. Diese Besonderheit Bonns mag vor allem daran gelegen haben, daß viele der Studenten – und der damals noch wenigen Studentinnen – den katholischen großbürgerlichen

Familien des Rheinlands und des westfälischen Ruhrgebiets entstammten.

Von dem Geist, der hier immer noch herrschte, erhielt ich gleich in den ersten Tagen einen bleibenden Eindruck. Zu Beginn des Studienjahres hatte der örtliche NS-Studentenführer die Erstsemester im Auditorium maximum versammelt, um sie weltanschaulich auf Vordermann zu bringen. Unter anderem verkündete er, daß die Wissenschaft der Politik zu dienen habe, natürlich der nationalsozialistischen. Am Morgen darauf fand dann die Eröffnungsvorlesung für die Erstsemester der juristischen Fakultät statt, zu der sich an die hundert Studenten einfanden. Die Vorlesung war dem Thema »Deutsches Recht« gewidmet und wurde vom Ordinarius für Strafrecht, dem Grafen Dohna, gehalten. Graf Dohna, ein älterer Herr, der 1918 während der deutschen Besetzung Estlands als Rektor der wiedereröffneten Dorpater Universität eingesetzt worden war und meinen Vater aus jener Zeit kannte, war eine außerordentlich imponierende Erscheinung und erinnerte mit seinem weißen Spitzbart an einen alten Admiral. Die Sätze, mit denen er seine Vorlesung begann, habe ich noch ziemlich genau in Erinnerung. Wir hätten, so begann er, am Vortag gehört, daß die Wissenschaft der Politik zu dienen habe. Er aber empfehle jedem, der nicht der Wahrheit dienen wolle, schleunigst seine Sachen zu packen. Die Reaktion war donnernder, lang anhaltender Applaus von der gesamten Hörerschaft. Zu vernehmlicher Unruhe im Auditorium maximum kam es übrigens auch bei einem obligatorischen Vortrag über Luftschutz, über den ein Teil der Hörerschaft seinem Unmut offen Ausdruck gab.

Allgemeines öffentliches Aufsehen aber erregte ein anderer Vorfall, den ich selbst nicht miterlebt habe. Von seiten des NS-Studentenbundes wurde auf die Studenten starker Druck ausgeübt, sich »freiwillig« zum Erntedienst zu melden. An der Bereitschaft hierzu aber ließen es vor allem die Mediziner mangeln, weshalb sie dann eines Tages vom Studentenführer zu einer Pflichtvorlesung geladen wurden. Als der Redner den Versammelten nun bedeutete, daß sie ihre weißen Kittel ruhig mal mit der Mistforke vertauschen könnten, kam es zu beträchtlicher Unruhe. Darauf reagierte der Redner mit dem energischen Ausruf: »Meine Herren, ich selber bin Landwirt!« Prompt erhielt er aus dem Hintergrund zur Antwort: »Ja, das sieht man.« Nun gab es kein Halten mehr, und ein Tumult brach los. Plötzlich aber ertönten Trillerpfeifen. Breitschultrige, hünenhafte Gestalten – Studenten der Leibesübungen, wie es später hieß – sperrten die Ausgänge, und erstmals seit den Tagen Metternichs nahm die Geheime Staatspolizei im Auditorium einer deutschen Universität Verhaftungen vor. Die acht Festgenommenen wurden allerdings bald wieder auf freien Fuß gesetzt. Es erwies sich nämlich, daß einer von ihnen der Sohn eines hohen Parteifunktionärs und Blutordensträgers war.

Die Presse, vor allem in Frankreich und Luxemburg, nahm sich des Vorfalls mit Wonne an, und Hitler soll äußerst erbost gewesen sein. Jedenfalls mußten sich Rektor und Studentenführer in Berlin melden und wurden ihrer Ämter enthoben. In meinem Bekanntenkreis, bei Studenten wie bei Professoren, frohlockte man. Rektor und Studentenführer waren denkbar unbeliebt, und den Nazis gönnte man die Blamage.

Unter den Professoren war sicher der eine oder andere ein Nationalsozialist oder gab doch vor, es zu sein. Doch ist mir nur ein Professor in Erinnerung, der seine Vorlesung mit »Heil Hitler« eröffnete und gelegentlich in Parteiuniform erschien. Auch kann ich mich nicht erinnern, daß in den Vorlesungen nationalsozialistisches Gedankengut verbreitet worden wäre.

Dem Lehrkörper gehörten damals vier Professoren baltischer Herkunft an, von denen einer ein Sturmführer der allgemeinen SS war. Darüber rümpften seine Landsleute aber eher die Nase. Ein weiterer, der gleichfalls Nationalsozialist war, wurde gerade deswegen kritisiert. Die beiden anderen waren eher unpolitisch und standen den Nazis ablehnend gegenüber. Kennzeichnend für die Zeit ist allerdings, daß einer von diesen beiden zur SA gegangen war, in erster Linie deshalb, um unbehelligt zu bleiben. Seine Frau pflegte nicht ohne Spott zu sagen: »Am Freitag klemmt mein Mann seinen Spitzbauch in eine SA-Hose und steht vor seinem Dachdecker stramm.« In der Tat hatte der Herr Professor einen Embonpoint, aber ein Nazi war er ganz und gar nicht.

Persönlich bekam ich bald einige Probleme. Die Angehörigen der »Deutschen Studentenschaft« waren gehalten, am Pflichtsport teilzunehmen, was ich mit der Begründung verweigerte, ich sei ein ausländischer Staatsbürger und als solcher von der Teilnahme an derartigen Pflichtveranstaltungen befreit. Mein Widerstand war keineswegs politisch bedingt; vielmehr wollte ich mich einfach dem Zwang nicht unterwerfen.

Darüber gab es nun endlose Auseinandersetzungen mit dem Auslandsbeauftragten der Deutschen Studentenschaft, der das durchaus schlagkräftige Argument geltend machte, die Partei habe dekretiert, daß auch Auslanddeutsche der Deutschen Studentenschaft zuzuzählen seien. Ironischerweise war dieser Auslandsbeauftragte, ein nicht sehr angenehmer Herr von H., selbst deutsch-baltischer Herkunft.

Am Ende einigten wir uns darauf, daß ich »freiwillig« an den Boxkursen der Universität teilnehmen würde.

Das aber erwies sich als schlechtes Geschäft, denn der Boxlehrer, eigenartigerweise ein Bonner Amtsgerichtsrat, war vielleicht ein guter Boxer, aber sicher kein guter Lehrer. Er stellte die Boxgegner nicht nach Körpergewicht, sondern nach Körpergröße zusammen, und da ich damals recht groß war, aber wenig wog, bezog ich zweimal wöchentlich ziemliche Senge.

Im übrigen hätte meine Weigerung, am Pflichtsport teilzunehmen, durchaus auch gravierendere Konsequenzen haben können, was mir damals jedoch verborgen blieb. Viele Jahre nach dem Krieg erzählte mir die frühere Sekretärin der Estländischen Deutschen Kulturselbstverwaltung, daß die Auslandsorganisation der NSDAP, von der damals die meisten Stipendien für Auslandsdeutsche kamen, verlangt habe, man solle mein Stipendium sperren. Die Anweisung hatte sich aber nicht durchführen lassen, weil ich ja auf eigene Kosten studierte.

Auch unter den Studenten gab es natürlich solche und solche. Persönlich kann ich mich nur an einen einzigen Kommilitonen erinnern, der ganz eindeutig Nazi war. Er gehörte der SS an, und ich entsinne mich einer Unterhaltung mit ihm im damaligen Hotel Königshof, das dann später im Krieg zerstört wurde. Ich weiß nicht mehr, weshalb er sich im Verlauf unseres Gesprächs zu meiner Überraschung plötzlich zu der Bemerkung veranlaßt fühlte: »Wir Nationalsozialisten halten die Hand hin, aber nicht lange.«

Viele meiner Bekannten gehörten dem NSKK (Nationalsozialistisches Kraftfahrkorps) oder dem NSFK (Nationalsozialistisches Fliegerkorps) an, da diese Formationen relativ unpolitisch waren, wie mir ein Freund erklärte. Auch konnte man dort seinen Führerschein oder Flugschein erwerben und blieb von den eigentlich politischen Organisationen wie SS und SA unbehelligt. Das zu wissen sollte sich nach der Umsiedlung als sehr nützlich für mich erweisen.

Die studentischen Verbindungen waren damals schon verboten. Dennoch pflegten sich ehemalige Borussen in Poppelsdorf in einem Lokal zu treffen, das »Die Löwengrube« hieß. Gelegentlich ging auch ich dorthin. Eines Abends wurde beschlossen, auf »Adlerjagd« zu gehen. Damit hatte es folgende Bewandtnis: An den Straßenlaternen waren damals Schilder angebracht, die den Schildern der Bushaltestellen ähnelten und auf denen die SA zu Spenden für das Winterhilfswerk oder für ähnliche Zwecke aufforderte. Ganz oben auf diesen Schildern aber prangte der Reichsadler mit dem Hakenkreuz in seinen Fängen. Es galt nun, hoch genug zu springen, um das Schild abzureißen, und wer die meisten Adler zurückbrachte, war Sieger. Der Gedanke, daß dieser Sport nicht ganz ungefährlich war, ist mir damals offenbar nicht gekommen.

Wenige Tage nach meiner Ankunft in Bonn beobachtete ich auf dem Weg zur Universität eine kleine Ansammlung von Menschen vor einem zerbrochenen Schaufenster. Meine Vermutung war, daß ein Betrunkener die Herrschaft über seinen Wagen verloren hatte. Doch ein paar hundert Meter weiter wiederholte sich das Bild. Noch immer wollte ich an einen Unfall glauben. Doch als ich Onkel Hempel beim Mittagessen davon berichtete, blickte er mich fassungslos an. »Merkst du denn nicht, was hier vorgeht?« fragte er mich. Es war der Morgen nach der sogenannten Reichskristallnacht.

Meine Tante Gabi und ihr Mann standen diesem Geschehen eindeutig empört gegenüber. Aber was war meine eigene Reaktion? Der Verdrängungsmechanismus, über den wir unbewußt verfügen, hat offenbar bewirkt, daß ich es einfach nicht mehr weiß. Zweifellos hat mir vieles in dem Deutschland jener Jahre mißfallen, und schließlich fuhr ich nach Ende der zwei Bonner Semester ja mit dem festen Entschluß in die Heimat zurück, nicht nach Deutschland auszuwandern. Aber an meine konkreten Reaktionen auf das Pogrom kann ich mich beim besten Willen nicht mehr erinnern. Ich entsinne mich, daß ich in Poppelsdorf vor einer Litfaßsäule stand und einen Anschlag von Hermann Göring las, wonach den Juden zur Strafe für die Ermordung des Legationsrats vom Rath eine Kontribution von einer Milliarde Reichsmark auferlegt wurde, damals eine ungeheure Summe. Doch über das, was ich dabei empfand, sagt meine Erinnerung nichts.

Auch sonst erinnere ich mich nur an ein einziges Gespräch meiner Verwandten, in dem das Thema Judenverfolgung zur Sprache kam. Die jüdische Frau des damals führenden Germanisten, Geheimrat Walzels, war offenbar von Nazis öffentlich angepöbelt worden, und als Hempels davon erfuhren, reagierten sie mit ohnmächtiger Empörung. Ich selbst, daran kann ich mich genau erinnern, war nicht weniger entsetzt.

Übrigens erfuhren wir nach dem Krieg, daß ein enger Freund der Hempels, Professor Thyssen, jahrelang einen jüdischen Kollegen in seiner Wohnung versteckt gehalten hatte. Die sehr freundschaftliche Verbindung zu meinen Verwandten hätte der eher introvertierte Mann wohl kaum gepflegt, wenn die moralischen Standpunkte unvereinbar gewesen wären. Einen virulenten Antisemitismus gab es in diesen Kreisen jedenfalls nicht.

Wenn ich Bilanz zu ziehen versuche, würde ich sagen,

daß der nationalsozialistische Geist damals zweifellos überall spürbar war, jedenfalls soweit es um Pflichtsport, Erntedienst, Winterhilfswerk, Luftschutzdienst und ähnliches ging. Auch die großen Reden Hitlers – ich erinnere mich besonders an eine dieser Reden während der Krise 1939, die dann zur Errichtung des Protektorats Böhmen und Mähren führte – wurden weithin als beeindruckend, ja als mitreißend empfunden, auch von mir. Und auch die außenpolitischen Erfolge, etwa die sogenannten Wiener Schiedssprüche, mit Einschränkungen sogar die Errichtung des Protektorats, wurden überwiegend begrüßt. Doch von der Partei und ihren Organen, von den Überwachungs- und Repressionsmechanismen des Regimes war im Alltag nicht viel zu spüren. Das Gefühl, bespitzelt zu werden, habe ich nicht gehabt; »eliminatorischem« Antisemitismus bin ich nicht begegnet.

Trotzdem stand mein Entschluß fest, nicht in Deutschland zu bleiben, sondern ungeachtet der für Deutschbalten trüben Berufsaussichten in die Heimat zurückzukehren. Was war dafür ausschlaggebend? Meine Mutter, die ihre Erinnerungen schon in den fünfziger Jahren verfaßt hat, schreibt, daß ich bei der Rückkehr aus Deutschland im Juli 1939 gesagt hätte, ich wolle dort nicht bleiben, weil man im Deutschen Reich »weder denken noch sprechen oder schreiben dürfe, wie man will, sondern nur, wie Hitler es gestattet«. Ich selbst kann mich an diese Worte nicht erinnern, aber zweifellos spielte bei meiner damaligen Entscheidung nicht nur die emotionale Bindung an die alte Heimat und die deutschbaltische Gemeinschaft eine Rolle, sondern auch der Widerwille gegen die in Deutschland spürbare Beschränkung der persönlichen Freiheit durch die verschiedensten Formen der Zwangsreglementierung. Nicht die riskante und unmoralische Außenpolitik, deren Triumphe mir imponierten, bestimmte meinen Entschluß, sondern das auf Disziplinierung angelegte System. Die Gefahren der Hitlerschen Außenpolitik erkannte ich damals nicht, aber die Unfreiheit empfand ich als persönlich bedrückend, obgleich dieses Unbehagen nicht in erster Linie politischer Natur war. Ähnlich sollte es mir später in der Wehrmacht ergehen, wo ich nicht so sehr dem Geist des Nationalsozialismus begegnete als vielmehr dem aus ganz anderen Wurzeln stammenden preußischen Kommiß, den ich von Herzen haßte.

Zu Weihnachten 1938 besuchte ich meine Großmutter in Schwerin und erkrankte dort an Gelbsucht. Das Leiden wurde zunächst nicht als das erkannt, was es war, und die Fürsorge, die meine großmütterliche Familie meiner Gesundheit angedeihen ließ, war alles andere als dem Zweck angemessen. Meine Großmutter glaubte an die heilende Kraft guter Ernährung und versuchte mich dementsprechend mit meinen Lieblingsgerichten zu verwöhnen, wozu vor allem Krabben in Mayonnaise zählten. Meine Großonkel wiederum, echte Balten von altem Schrot und Korn, waren überzeugt, daß nichts die Genesung so fördere wie ein kräftiger Schnaps. So wurde ich zu entsprechender Therapie in die Likörfabrik des Onkels Blanckenhagen-Allasch mitgenommen, wo ich die Produkte des Hauses durchprobieren mußte. Beides zeitigte den erwarteten Erfolg indessen nicht. Alsbald mußte ich mich zu Bett legen, und der herbeigerufene Hausarzt gab mir unter vier Augen den dringenden Rat, schleunigst nach Bonn zurückzukehren. »Ihre Familie«, so sagte er, »bringt sie sonst um.«

So geschah es. Frühmorgens verließ ich klammheimlich das Maydellsche Haus in der Bergstraße und begab mich nach Bonn in die städtische Klinik. Aber auch von dort floh ich nach einigen Tagen ohne ärztliche Genehmigung, denn ich mußte das Zimmer mit vier oder fünf alten Männern teilen, die mir nicht nur ausgesprochen unsympathisch waren, sondern zudem ein Bönnsches Platt sprachen, von dem ich kein Wort verstand. So suchte ich Zuflucht in meiner Studentenbude und verdankte es schließlich der Pflege meiner Verwandten, die mich nach strengster Diät bekochten, daß ich am Leben blieb.

Meine Tante Nora Maydell aber, die den Nazis nicht grün war, nahm den Vorfall zum Anlaß, meinem Vater triumphierend zu schreiben, sein Sohn verabscheue die hiesigen Zustände derart, daß er sich zu Bett gelegt habe. Dies trug mir ein postalisches Donnerwetter des alten Herrn ein, läßt aber auch darauf schließen, daß ich alles andere als begeistert von den Verhältnissen war.

Ehe ich nach Ende des Sommersemesters den Heimweg antrat, besuchte ich Gerhard und Ghita von der Osten auf ihrem Gut Wisbu in Hinterpommern. Ghita Osten, eine geborene Stael von Holstein, war eine alte Freundin meiner Mutter aus der Zeit des Ersten Weltkriegs, die meine Mutter in Dorpat verbracht hatte. Sie hatte ihren Mann als deutschen Besatzungsoffizier kennengelernt und war ihm auf das Stammgut der Familie gefolgt, das sich seit vielen Jahrhunderten im Besitz der Ostens befand.

Mein Besuch in Wisbu dauerte drei Tage und ist mein einziger Aufenthalt auf einem ostelbischen Gut geblieben. Das Bild des alten steinernen Herrenhauses steht mir nicht mehr vor Augen, aber die dortige Atmosphäre erinnerte mich in ihrer Gastlichkeit an die mir bekannten baltischen Güter – wenn sie in anderer Hinsicht auch recht verschieden davon war.

Das Haus war voller Gäste, wir mögen etwa vierzehn Personen an der Tafel gewesen sein. Da war die Schwester der Hausfrau, die schöne Gräfin Mady Eulenburg mit ihrer nicht minder schönen Tochter. Der Bruder der Hausfrau Reinhold Stael, der in den USA eine Professur innehatte, war mit einem seiner Studenten gekommen. Zudem hielt sich eine ganze Schar junger Leute in Wisbu auf, die Söhne des Hauses mit ihren Freunden.

Wodurch sich der Umgangston in Wisbu von dem auf den baltischen Gütern unterschied, war vor allem seine militärische Prägung. Das begann bei den männlichen Bediensteten, den Kutschern, den Stallknechten, den Gärtnern und Dienern, die sich in Haltung und Sprache zum Hausherrn wie zu einem militärischen Vorgesetzten verhielten, so daß man hätte glauben können, sie seien während Herrn von Ostens aktiver Offizierszeit allesamt seine Soldaten gewesen. Selbstverständlich wurde er mit »Herr Rittmeister« angeredet, auch von den jungen Leuten, die selber durchweg junge Offiziere waren. Das verstand sich gleichsam von selbst. Offizier zu sein war integraler Bestandteil der Existenz.

Ich kann nicht sagen, daß der Ton in diesem Kreis mir mißfiel, doch ging er mir irgendwie gegen den Strich, ja gelegentlich irritierte er mich regelrecht, etwa wenn Herr von Osten nach einer Mahlzeit unvermittelt bemerkte, wenn ich aufstünde, sehe man doch erst, daß ich gar nicht so klein sei. »Das, Herr von Osten«, erwiderte ich, »liegt an meiner schlechten Gewohnheit, krumm zu sitzen.« Der kleine Zwischenfall blieb ohne Folgen, dazu war der Gastgeber viel zu liebenswürdig. Aber es zeigte sich eben doch ein gewisser Gegensatz zwischen dem preußischen Offizier und dem baltischen Literaten, der ich eigentlich immer gewesen bin.

Ein Fremdkörper war in dieser Hinsicht natürlich auch der junge Amerikaner. Die Einfahrt zum Gutshaus flankierten zwei Säulen, auf denen steinerne Kanonenkugeln aus dem Dreißigjährigen Krieg ruhten. Eines Morgens nun beobachtete ich, wie der junge Amerikaner im Trainingsanzug aus dem Haus kam, auf eine der Säulen zulief und die darauf liegende Kugel ergriff. Es war unverkennbar, daß er im Begriff stand, sich damit im Kugelstoßen zu üben. In just diesem Augenblick aber eilte auch schon Herr von Osten im Schlafrock herbei, um das Schlimmste zu verhüten. Das mürbe Gestein hätte der jungen transatlantischen Kraft nicht standgehalten. Was das aber bedeutet hätte, kann nur der ermessen, der weiß, was es heißt, jahrhundertelang auf seinem angestammten Grund zu sitzen.

Doch zurück zu den jungen Herren. Meinem zivilen Geist blieben sie fremd, aber sie vermittelten ganz spontan den Eindruck persönlicher Integrität und Lauterkeit. Mag sein, daß der eine oder andere zum Nationalsozialismus neigte, aber was das in der Konsequenz wirklich bedeutete, war ihnen damals sicher nicht klar. Vielleicht hätte es ihnen klar sein sollen, aber das war eben nicht der Fall. Daß einer von ihnen später im Krieg Verbrechen begangen haben könnte, ist mir unvorstellbar.

Der letzte Sommer

Es war Ende Juni, als ich die Heimreise von Stettin nach Riga antrat. Meine Mutter, die inzwischen gezwungen worden war, aus Kurküll fortzuziehen, stand nun ohne Zuhause da, ohne Zukunftsperspektive, mit einem selbst nach unseren damals bescheidenen Begriffen völlig unzureichenden Einkommen von etwa 80 estnischen Kronen im Monat. Die schmerzliche Auseinandersetzung, der Verlust jeden gesellschaftlichen Rückhalts, den ihr die Eigenschaft als Hausfrau auf Kurküll gegeben hatte, und die Ungewißheit über ihre Zukunft hatten sie gesundheitlich schwer erschüttert. All dies war während meiner Bonner Zeit fast unbemerkt an mir vorübergegangen. Von jeher ein eher introvertierter Mensch und überdies in meine eigenen Probleme viel zu sehr versponnen, hatte ich nicht wahrgenommen, wie sehr die moralische und wirtschaftliche Existenz desjenigen Menschen in Frage gestellt war, der mir näher war als jeder andere.

Vielleicht war hier auch ein Fluchtinstinkt wirksam. Nach dem Tod Onkel Georgs war ich mit noch nicht fünfzehn Jahren zu früh zur einzigen Stütze geworden, die meiner Mutter blieb. Sie war zu großzügig und zu gerecht, mich bewußt zu belasten, aber ich spürte dennoch, wieviel im Grunde von mir abhing, und entzog mich, weil ich mich der Rolle nicht gewachsen fühlte. So hatte ich zuletzt auch in Bonn mein Studentenleben gelebt, ohne mich in die existentielle Not meiner Mutter hineinzuversetzen.

Nun aber nahm ich den Heimweg über Riga, weil Mama

am Rigaschen Strande bei ihrer Schwester Lilli Ulrichen Erholung suchte – vergebens natürlich, denn die Frage, wie und wovon sie leben sollte, blieb unbeantwortet.

Es war ein kurzer Besuch, wie ich zu meiner Schande gestehen muß, denn zu jener Zeit war ich fast nur mit meiner eigenen Zukunft beschäftigt. Und da ja nun feststand, daß ich in Estland bleiben würde, mußte ich das Konkurrenzexamen für die Universität Dorpat wiederholen. Die Prüfungen fanden schon Anfang September statt, so daß mir für die Vorbereitung nur zwei Monate blieben.

So nahm ich denn bald Abschied von meiner armen Mutter, die verständnisvoll genug war, meine Gründe einzusehen, und fuhr nach Reval, wo mein Vater, der sich inzwischen von seiner zweiten Frau getrennt hatte, in seiner neuen Wohnung in den Scheelschen Häusern ein Junggesellenleben führte. Dorthin wollte ich keinesfalls. Kurküll aber war mir natürlich verschlossen. Man hätte mich dort sicher freundlich aufgenommen, aber schon die Loyalität gegenüber meiner Mutter verbot jeden Gedanken an eine solche Möglichkeit. So nahm ich dankbar an, als Fritz und Rita Maltzan, gute Freunde meiner Eltern, mir das Angebot machten, bis zum Semesterbeginn bei ihnen zu wohnen. Sie lebten in einer hübschen und geräumigen Villa im Vorort Kosch bei Brigitten (Kose/Pirita), von einem duftenden Kiefernwald umgeben. Hier habe ich die unvergeßlichen Schicksalsmonate Juli und August 1939 verbracht.

Friedrich Freiherr von Maltzan zu Wartenberg und Penzlin war seiner Erziehung und Haltung nach vom Scheitel bis zur Sohle ein preußischer Offizier. Sein Vater war General und Kommandant von Berlin gewesen, er selbst hatte es im Ersten Weltkrieg zum Major gebracht, danach aber, wie so viele, seinen Abschied nehmen müssen. Seine

Schwester hatte Hermann von Siemens geheiratet, den damaligen Chef der Familie, und so war dem Schwager die Vertretung des Hauses in Estland anvertraut worden. Nachträglich allerdings frage ich mich, ob Fritz Maltzan

Friedrich Freiherr von Maltzan zu Wartenberg und Penzlin und seine Frau Rita boten mir an, bis zum Semesterbeginn bei ihnen zu wohnen. So verbrachte ich die unvergeßlichen Schicksalsmonate Juli und August 1939 in ihrer weitläufigen, von duftenden Kiefernwäldern umgebenen Villa im Vorort Kosch bei Brigitten.

nicht zugleich im Dienste des sagenumwobenen Admirals Canaris gestanden hat, wie ich es selbst dann von 1942 bis 1945 getan habe.

Unter den Deutschbalten war Maltzan nicht ganz unumstritten. Die Wesensunterschiede waren allzu groß. Maltzan, ein kluger und jovialer Mann, unkonventionell auch im Äußeren, hatte ein wenig von jenem Kasinoton an sich, der den Estländern nicht behagte, und eine gewisse Burschikosität, die seiner baltischen Umgebung etwas zu laut war. Die Estländer sind weltläufig, eher leichtlebig und jedenfalls alles andere als steif, aber sie haben ihren eigenen Stil, leiser, biegsamer und von einem Humor mehr anekdotischer Art, der mit Kasinospäßen wenig anzufangen weiß. Maltzan war lauter und zugleich preußischer, das heißt disziplinierter, dabei aber formloser. Seinerseits wiederum schien er die Balten nicht besonders hoch einzuschätzen. Er hielt sie, so will es mir in der Erinnerung scheinen, für schlaff und nicht sonderlich tüchtig, vielleicht sogar für degeneriert.

Mir selbst war es in der Gegenwart des Hausherrn stets ein wenig ungemütlich. Ich war nun einmal ein unmilitärischer Typ und fühlte mich von ihm gewogen und für zu leicht befunden. Dabei war er durchaus freundlich zu mir, und als ein bedeutender und leidenschaftlicher Briefmarkensammler führte er mich mit Geduld und Engagement in die Geheimnisse dieser edlen Liebhaberei ein. Dennoch habe ich seinem Ideal von einem jungen deutschen Mann sicher nicht entsprochen.

Ganz ungeteilt aber war meine Zuneigung zu seiner Frau Rita aus der baltisch-polnischen Familie von Tarnowski, deren Naturell sich von dem kantigen Wesen ihres Gatten auffallend unterschied. Ganz Dame, warmherzig und auf unprätentiöse Art formvollendet, war sie ein ungemein liebenswerter Mensch. Ihre Haltung hat sich mir durch zwei Vorfälle eingeprägt, die mir bis heute vorbildlich erscheinen.

Eines Sommerabends, lange vor der Trennung meiner Eltern, waren wir bei Maltzans zum Krebsessen eingeladen, in einem Kreis von etwa zwölf Personen. Die Krebse wurden auf der geräumigen Veranda serviert, dann erhob man sich, um Nachtisch und Kaffee im Speisezimmer einzunehmen. Nun hatte die Hausfrau zum Krebsessen ihren größten Schatz aufgetischt, ein Meißner Krebsservice, von einem berühmten Künstler entworfen und handbemalt, ein Hochzeitsgeschenk des Schwagers Siemens. Wir hatten uns soeben wieder am Eßzimmertisch niedergelassen, als das Dienstmädchen von der Veranda hereinkam, ein großes Tablett mit einem wahren Berg von Geschirr balancierend. Und ausgerechnet in dem Augenblick, als sie hinter dem Platz der Hausfrau vorbeichassierte, glitt sie aus, das Tablett fiel zu Boden, und der Stolz des Hauses verwandelte sich in einen Scherbenhaufen. Die Hausfrau aber sah sich nur kurz um und bedeutete dem völlig verstörten Mädchen in freundlichem Ton, sie möge sich beim Einsammeln der Scherben doch vom Kinderfräulein helfen lassen. *Quelle tenue!*

Noch ein weiterer Vorfall bezeugt Rita Maltzans noble Haltung. Ich hatte zur Konfirmation, die man bei uns im Alter von siebzehn Jahren feierte, unter anderem einen wunderschönen, in Silber getriebenen Serviettenring geschenkt bekommen, der die vier Evangelisten mit den ihnen zugeordneten Tieren zeigte. Kurze Zeit später war ich allein bei Rita Maltzan zum Mittagessen zu Gast. Dabei bemerkte ich zu meinem Erstaunen, daß sie den gleichen Ring besaß, allerdings in einer Ausführung aus Gold. Als ich sie auf die Ähnlichkeit hinwies, widersprach sie jedoch entschieden. Ihr Serviettenring sei eine Spezialanfertigung, ein Geschenk ihres Schwagers, das von einem berühmten Künstler entworfen sei. Es existierten nur zwei dieser Ringe. Wo denn der andere sei, wollte ich wissen. Der, so wurde mir beschieden, sei kürzlich bei einem Einbruch gestohlen worden.

Doch genau dieser Ring war es, den ich geschenkt bekommen hatte. Da die Diebe sich nicht hatten vorstellen können, daß ihre Beute schieres Gold war, hatten sie den

Fritz Maltzan war nach seiner Erziehung und Einstellung durch und durch preußischer Offizier, in dessen Gegenwart ich mich stets ein wenig ungemütlich fühlte. Ich war nun einmal ein unmilitärischer Typ und fühlte mich von ihm gewogen und für zu leicht befunden.

Ring zur Tarnung versilbert und an einen Juwelier verschachert, bei dem mein Onkel Erich Girgensohn ihn dann als Konfirmationsgeschenk für mich erstand. Natürlich erschien ich am nächsten Morgen mit meinem Ring, um ihn Frau von Maltzan zurückzugeben. Das aber wurde ebenso freundlich wie entschieden abgelehnt. Keine Macht der Welt konnte sie bewegen, das wertvolle Stück zurückzunehmen. Es war mir geschenkt worden, und dabei blieb es.

Wie die meisten Männer aus adligen Kreisen hatte Fritz Maltzan sich wohl einen männlichen Nachkommen ge-

Ganz ungeteilt aber war meine Zuneigung zu seiner reizenden Frau Rita aus der baltisch-polnischen Familie von Tarnowski. Eine hübsche Erscheinung, ganz Dame, warmherzig und freundlich und auf unprätentiöse Art formvollendet, war sie ein ungemein liebenswerter Mensch.

wünscht, doch nach der Geburt ihrer zwei Töchter waren dem Ehepaar keine weiteren Kinder beschieden. Die ältere, Inge, war ein oder zwei Jahre jünger als ich, kräftig gebaut, aber schlank. Mit betonten Backenknochen im schmalen Gesicht und Augen leicht asiatischen Schnitts war sie eine ausnehmend aparte und attraktive Erscheinung. Ich habe sie jahrelang angehimmelt, war aber zu schüchtern, es ihr zu gestehen.

Ihre um zwei Jahre jüngere Schwester Margitta glich mehr dem Vater und galt ihm auch gleichsam an Sohnes Statt. Sie war temperamentvoll und witzig, nicht auf den Mund gefallen und gelegentlich sogar ein bißchen burschikos, was ihren Vater amüsierte.

In diesem gastfreien und kultivierten Haus habe ich im Alter von knapp dreizehn Jahren übrigens auch meine erste Bekanntschaft mit deutscher Politik gemacht, nämlich anläßlich der Reichspräsidentenwahlen vom 13. März und 10. April 1932. Wir verbrachten die beiden Abende bis spät in die Nacht bei den Freunden und hörten im Radio Zwischenberichte über die Wahlergebnisse. Es waren jene Wahlen, bei denen der greise Hindenburg im zweiten Wahlgang gleichsam wider Willen auch Kandidat der Linken war, die keinen anderen Rat wußte, sich Hitlers zu erwehren. So sah sich auch Maltzan in einem Dilemma. Sollte er dem Feldmarschall die Treue halten, obwohl der nun der Kandidat der »Roten« war? Er tat es schließlich, aber leicht fiel es ihm sicher nicht.

Maltzans politische Haltung war typisch für seine Gesellschaftsschicht. Als Konservativer wählte er natürlich deutschnational, und für den »böhmischen Gefreiten« Hitler hatte er zunächst nichts als Verachtung übrig. Und auch das war bezeichnend: Er unterschätzte ihn. So gab er dem

Feldmarschall den Vorzug vor dem braunen Emporkömmling. Vor allem aber galt es, Ernst Thälmann, dem Kandidaten der Kommunisten, den Weg zu versperren. Die KPD war damals eine starke Partei, die bei dieser Wahl immerhin 10,2 Prozent der Stimmen auf sich vereinigte. Ohne die abgrundtiefe, kompromißlose und von Ängsten getriebene Feindschaft gegenüber dem Kommunismus kann man die damalige Bereitschaft der deutschen Konservativen, sich schließlich mit den Nazis abzufinden und am Ende gar mit ihnen zu paktieren, nicht verstehen. Nach der Machtergreifung, die ja zunächst eine völlig legale Machtübernahme war, waren es dann die Erfolge in der Wirtschafts- und Arbeitsmarktpolitik, nicht zuletzt aber in der Außenpolitik, die manche Bedenken außer acht geraten ließen. Deutschland, dem die alliierten Mächte zur Zeit der Weimarer Republik so vieles versagt hatten, galt wieder etwas, es wurde geachtet, in Wahrheit wohl eher gefürchtet, und der Ton der europäischen Nachbarn wurde leiser, höflicher, entgegenkommender. So ließen sich viele blenden – zunächst jedenfalls. Wir sehen nicht immer voraus, wohin das führt, was wir gutheißen. Auch wer heute das Netz der Sekundärtugenden demontiert, wird sich eines Tages fragen lassen müssen, ob er denn nicht voraussah, was er anrichtete.

Auch Fritz Maltzan konnte sich dem Eindruck nicht entziehen, den Hitlers Erfolge damals machten; ein Nazi aber wurde er deshalb nicht.

Aber zurück ins Jahr 1939. Für mich galt es nun vor allem, das Konkurrenzexamen in Dorpat zu schaffen. Ein zweites Mal durfte ich auf keinen Fall scheitern, denn den Ausweg, nach Deutschland zu gehen, hatte ich mir ja abgeschnitten, und zwar definitiv. Um wirklich auf Nummer Sicher zu gehen, wechselte ich als erstes die Fakultät und bewarb mich bei den Nationalökonomen. Dort nämlich gab es nur 100 Plätze für 200 Bewerber, während das Verhältnis bei den Juristen 50 zu 200 geblieben war.

Die mündliche Prüfung hatte man inzwischen aufgegeben, das Examen bestand lediglich in einer vierstündigen Klausurarbeit, und da – *horribile dictu* – im Osten manches möglich war, was in Deutschland nicht nur geahndet wurde, sondern auch moralisch streng verpönt war, wollte ich den Versuch machen, mir das vorgesehene Thema schon vor der Prüfung zu beschaffen. Doch dieser Plan erwies sich als undurchführbar. Denn wie meine Späher mir berichteten, wählte der Kultusminister das Thema erst am Morgen des Prüfungstages unter zehn Vorschlägen aus, woraufhin es durch einen Kurier im verschlossenen Umschlag nach Dorpat gebracht und dem Leiter der Prüfungskommission im Prüfungssaal ausgehändigt wurde, der den Umschlag dann öffnete und das Thema verkündete. Ich beschloß also, mich um die Vorschlagsliste zu bemühen – und das gelang.

Die Universität Dorpat.

Nun begann eine hektische Arbeit, galt es doch, zehn Aufsätze in estnischer Sprache zu schreiben, sie auf ihre Richtigkeit durchzusehen und anschließend auswendig zu lernen. Dabei handelte es sich um etwa hundert Oktavseiten, und für diese Arbeit standen mir genau sechs Wochen zur Verfügung.

Ich habe es schließlich geschafft. Am Tage der Prüfung wurde eines meiner Themen aufgerufen, und in zwei Stunden war meine Arbeit fertig. Als ich sie abgab, bemerkte der Vorsitzende, er sei überzeugt, daß ich jetzt schon durchgefallen sei; bei dieser Schnelligkeit könne ich unmöglich unter den ersten hundert sein. Nicht einmal dieser gewitzte Mann kam auf den Gedanken, hier könne einer alle zehn Themen vorbereitet haben. Ich verbeugte mich wortlos und hatte, wie sich erweisen sollte, glanzvoll bestanden.

Doch die Sonne sollte über dem Ungerechten nicht scheinen: Ich habe die Dorpater Universität nie von innen gesehen. Am 1. September brach der Zweite Weltkrieg aus und binnen zwei Wochen hatte ich meinem Gestellungsbefehl zum Dienst in der estnischen Armee Folge zu leisten, beim 5. elbständigen Infanteriebataillon in Wesenberg – viies üksik jalaväe pataljon Rakveres. So endete der einzige Betrug meines Lebens.

Die Augustwochen in der alten Heimat sind mir vor allem atmosphärisch in Erinnerung geblieben. Es waren heiße, wunderschöne Sommertage voller Kiefernduft. Doch die kommenden Ereignisse warfen schon ihre Schatten voraus. Im Lauf des Monats wuchsen in ganz Europa die Spannungen, und immer deutlicher zeichnete sich die Gefahr eines Krieges ab. Und dann kam jener Tag, der unsere Welt auf einen Schlag ins Wanken versetzte: der 23. August 1939, der Tag des deutsch-sowjetischen Nichtangriffspaktes.

Nur wer die baltische Atmosphäre der zwanziger und dreißiger Jahre noch gekannt hat, kann den Schock ermessen, den diese Kehrtwendung der deutschen Politik auslöste. Die Generation unserer Väter und Mütter hatte die Schrecken der russischen Revolution, die kurze bolschewistische Terrorherrschaft im Baltikum, den estnischen Freiheitskrieg durchlebt und durchlitten. Die zahllosen Verbindungen nach St. Petersburg hatten dazu beigetragen, daß man die Revolution in ihrer ganzen Brutalität hautnah miterlebte. Der Bolschewismus galt nicht allein als der Todfeind, er verkörperte die tödliche Gefahr schlechthin. Und nun hatte sich Deutschland mit diesem System gesetzloser, unbarmherziger Gewalt zusammengetan!

Daß diese Wende der Dinge einem Todesurteil für die kleinen wehrlosen baltischen Republiken gleichkam, wurde allerdings von den meisten meiner Landsleute nicht gleich erkannt. Niemand hatte ja auch Kenntnis von dem geheimen Zusatzprotokoll des deutsch-sowjetischen Vertrages, mit dem Hitler das Baltikum an Stalin auslieferte. Fritz Maltzan allerdings hatte die Gefahr schon früh erahnt. Oft hatte meine Mutter Rita Maltzan eingeladen, sie in Kurküll zu besuchen, Fritz Maltzan hatte es seiner Frau nie erlaubt. Er duldete nicht, daß seine Familie Reisen in den östlichen Teil des Landes unternahm, worin seine Sorge um die Zukunft des Landes besonders deutlich zum Ausdruck kam. Übrigens mag Maltzan auch durch seine eventuelle Verbindung zur deutschen Abwehr von dem geheimen Zusatzprotokoll erfahren haben.

Auch bei den Esten ging die Angst um, nachdem die ersten ominösen Vorzeichen am Horizont erschienen. Da Maltzan die unter den Deutschbalten ziemlich allgemein verbreiteten gesellschaftlichen Vorurteile gegenüber den

Esten schon aus beruflichen Gründen nicht teilte, zählte auch ein Herr Imelik zu seinem Freundeskreis, ein Este, der der Direktor der Wierländischen Elektrischen Gesellschaft (Virumaa Elektri Selts) war, an der sich Siemens beteiligt hatte. Ich erinnere mich, daß Imelik eines Tages – es muß schon nach Kriegsausbruch gewesen sein – in höchster Aufregung bei Maltzan eintraf, denn sein Auto war auf der Rückfahrt von Narwa mehrfach von sowjetischen Militärflugzeugen überflogen worden. Ich werde seine Verzweiflung nie vergessen. »Sie respektieren unsere Souveränität nicht mehr!« klagte er. »Was wird jetzt aus uns werden?«

Auch ich wollte wissen, was aus uns Deutschbalten werden würde, falls die Sowjets kämen. Maltzans Antwort war vernichtend. Zum ersten Mal aber deutete er auch die Möglichkeit einer Umsiedlung nach Deutschland an, und auch das spricht dafür, daß er mehr wußte als die meisten. Später hieß es, nicht einmal Dr. Frowein, der deutsche Gesandte, sei über das Geheimprotokoll unterrichtet gewesen. Nur wer davon wußte oder gerüchteweise gehört hatte, konnte die Vermutung äußern, daß es zu einer Umsiedlung der Deutschbalten kommen werde.

Die letzten Tage vor dem 1. September, dem Tag des Angriffs auf Polen, verbrachte ich in der Wohnung meines Vaters, unentwegt Radio hörend. Noch heute erinnere ich mich der atemlosen Spannung, einer Mischung aus Sensationslust und Furcht, mit der ich dem hektischen Geschehen von Stunde zu Stunde folgte.

Als dann der Krieg ausbrach, kam es eines Abends zu der erbittertsten Auseinandersetzung, die ich je mit meinem Vater gehabt habe. Sie fand in Papas Wohnzimmer statt und steht mir vor Augen, als wäre es gestern gewesen. Ich befand mich unmittelbar vor meinem Dienstantritt in der estnischen Armee. Mein Vater aber forderte von mir, ich solle über die grüne Grenze gehen und mich in Deutschland als Freiwilliger melden. Das sei meine Pflicht, Deutschland sei im Krieg und da gehöre ein junger Deutscher jetzt hin. Ich aber bestand darauf zu bleiben. Estland sei unser Vaterland, dieses Land zu verteidigen sei unsere Pflicht und dieser Pflicht würde ich mich unter keinen Umständen entziehen. Als Bürger Estlands würde ich mich vom Dienst nicht drücken, sondern estnischer Soldat werden.

Dabei blieb ich, und ich weiß noch, daß ich damals auch den Entschluß faßte, dem Ruf einer Umsiedlung, falls es dazu kommen sollte, nur zu folgen, wenn die Republik Estland sich selbst aufgeben sollte. Das hat sie dann am 28. September 1939 mit der Annahme des sowjetischen Ultimatums getan.

Im estnischen Heer

Am 15. September trat ich meinen Dienst beim 5. Infanteriebataillon in Wesenberg/Rakvere an. Die Kaserne des Bataillons lag etwas außerhalb der Stadt Wesenberg in einem wohl noch aus der Zarenzeit stammenden weitläufigen Komplex von Ziegelbauten. Hier wurden die Rekruten zunächst registriert und dann auf die Kompanien und Züge aufgeteilt. Daraufhin wurden sie in die Stuben oder, genauer gesagt, in die Schlafsäle eingewiesen. Das alles war für mich eine vollständig neue Erfahrung. Anders als in den deutschen Kasernen, die ich erst später kennenlernen sollte, beherbergte ein Schlafsaal hier einen ganzen Zug, etwa dreißig bis vierzig Mann. Man schlief in zweistöckigen Betten, die in drei Reihen aufgestellt waren, und selbst nachts war der Schlafsaal erleuchtet, wenn auch nur schwach. Für jemanden, der eher genierlich ist, war dieses Zusammenleben auf engem Raum ein ziemlicher Graus. Aber auch daran gewöhnte man sich, wie sich der Mensch ja überhaupt an fast alles gewöhnen kann.

Ich habe an die fünf Wochen in der estnischen Kaserne keine unangenehmen oder gar peinvollen Erinnerungen, weder im Hinblick auf das Verhältnis zu den Vorgesetzten noch auf das Zusammenleben mit den estnischen Kameraden.

Zweifellos gab es in Estland ethnische Spannungen, beim Militär aber bekam ich nichts davon zu spüren. Meine Kameraden, zumeist Söhne von Bauern oder Arbeitern, hatten zwar einen ganz anderen sozialen Hintergrund als ich, und ihr rauher Umgangston irritierte mich zuweilen, doch hat er sich nie gegen mich persönlich gerichtet.

Eine andere neue Erfahrung war die den Rekruten vorgeschriebene Rasur des Schädels, die natürlich ihre guten Gründe hatte, waren doch Teile der Bevölkerung damals noch keineswegs frei von Ungeziefer. Gewöhnen mußte ich mich vor allem auch an die gemeinsamen Waschräume und mehr noch an die in Reihen angeordneten offenen Abtritte, die aus nichts weiter als einem Loch und zwei Fußstützen bestanden. Sie gemeinsam zu frequentieren kostete zunächst erhebliche Überwindung.

Einmal wöchentlich wurden wir in Kolonne und singend durch die kleine Stadt zur Badestube geführt. Das war keine finnische Sauna mit trockener heißer Luft, sondern eine russische Banja, also ein Dampfbad. Dicht gedrängt stand man darin im heißen Dampf und traktierte sich gegenseitig mit Weidenruten.

Von meinen Vorgesetzten sind mir zwei in Erinnerung geblieben, denen ich ein dankbares Andenken bewahre. Da war zunächst der Kompaniefeldwebel, der streng auf Ordnung hielt, aber ohne jeden Anflug jener an Sadismus grenzenden Neigung zum Schikanieren, der ich nachher in der Wehrmacht immer wieder begegnen sollte. Überhaupt war das ganze System auf Ausbildung und auf Erziehung zu Ordnung und Sauberkeit angelegt, weniger darauf, »Remonten zu brechen«. Und da ja alle – Offiziere, Unteroffiziere und Mannschaften – den gleichen sozialen Hintergrund hatten, also fast durchweg Bauern oder die Söhne und Enkel von Bauern waren, existierte keine Offizierskaste, wie das im Zarenreich, in Preußen und Frankreich seit Jahrhunderten der Fall war. Zog man die Uniform aus, dann saß man sozusagen am gleichen Tisch.

Aber Ordnung mußte sein. Die Betten mußten tadellos gemacht sein. Sie hatten gestreifte Decken, die genau in Linie auszurichten waren, was bei sechs doppelgeschossigen Betten in der Reihe nicht ganz leicht war. Auch gab es eine tägliche Revision der Waffen, der Uniform und der Spinde, aber ohne die auf die Spitze getriebene Pedanterie der deutschen Wehrmacht, die es geradezu darauf anzulegen schien, daß der Soldat »auffiel«. Wurde ein Fehlverhalten festgestellt, dann gab es Strafdienste, die aber immerhin halbwegs sinnvoll waren, von zusätzlicher Geländeausbildung bis zum Kartoffelschälen oder dem Reinigen der Latrinen. Den perversen Stumpfsinn endlosen Strafexerzierens oder gar den Unfug zahlloser Liegestütze oder das bis zum Umfallen praktizierte Auf- und Niederspringen mit vorgehaltenem Gewehr, das »Hüpfen mit der Knarre«, kannte man nicht.

Für unseren Kompaniechef, einen Hauptmann, empfand ich sogar regelrecht Sympathie. Er war in schon fortgeschrittenem Alter, wohl Mitte Vierzig, mittelgroß, ein wenig gebeugt, mit schmalen melancholischen Zügen. Ich erinnere mich an ihn auch deshalb, weil uns ein besonderes Erlebnis miteinander verband.

Während des Polenfeldzugs war das polnische U-Boot »Orziol« in den Hafen von Reval eingelaufen, und die Besatzung hatte sich von den Esten entwaffnen und internieren lassen. Eines Nachts aber flohen die Polen. Das gab den Russen nun einen Vorwand, um den totalitäre Regime ja nie verlegen sind. Estland, so hieß es in den sowjetischen Medien, habe seine Neutralitätspflichten verletzt und sei dadurch zu einer Gefahr für die Sicherheit der großen Sowjetunion geworden. Am 23. September verbreitete sich dann die Nachricht, daß Molotow dem estnischen Außenminister Karl Selter, der sich aus einem anderem Anlaß in Moskau aufhielt, in ultimativer Form einen Beistandspakt angetragen habe. Er sah vor, daß Sowjetrußland Stützpunkte in Estland mit insgesamt 25 000 Mann Truppen besetzen durfte. Die estnische Armee zählte damals gerade 16 000 Mann.

Jedermann war klar, was das letzten Endes bedeutete. Zwar versprach Moskau, die estnische Souveränität nicht anzutasten, aber auf den Gedanken, daß dieses Versprechen eingehalten werden würde, auch wenn es vertraglich festgeschrieben sein sollte, wäre bei uns niemand gekommen.

Rußland hatte keinerlei rechtsstaatlichen Traditionen, und das erklärt wohl auch, warum es mir als junger Mensch so schwerfiel, wirklich zu begreifen, was Rechtssicherheit bedeutete. Lange Zeit war ich der Überzeugung, daß letzten Endes doch nur das Recht des Stärkeren zähle, jedenfalls dann, wenn es hart auf hart ging. Zwar hatten wir im Baltikum dank unserer Provinzialautonomie eine feste römisch-deutsche Rechtstradition, doch die relative Rechtlosigkeit während der Russifizierungszeit, besonders seit dem Regierungsantritt Alexanders III., hatte die Generation meiner Eltern und Großeltern gelehrt, daß Macht durchaus vor Recht gehen kann.

Dennoch glaubten der estnische Staatspräsident Konstantin Päts, ein bedeutender Staatsmann, und der nicht minder hervorragende Oberbefehlshaber General Johan Laidoner keine andere Wahl zu haben, als das Ultimatum anzunehmen. Militärisch gesehen hatten sie sicher recht. Der estnische Widerstand hätte auch im besten Falle nur kurz sein können, und so war es nur allzu begreiflich, daß die Führung die scheinbar sinnlose Opferung von Soldaten und womöglich auch Zivilisten nicht verantworten mochte. Andererseits bin ich noch immer der Überzeugung, daß man bereit sein muß, für die eigene Freiheit zu kämpfen, und sei es in hoffnungsloser Lage. Im baltischen Falle hätte ein solcher Kampf jedenfalls die absurde Legende eines freiwilligen Beitritts zur Sowjetunion gar nicht erst aufkommen lassen, an der Moskau noch heute festhält. Es ist die Tragödie demokratischer Politiker, daß sie es aus verständlichen Gründen oft nicht über sich bringen, die Verantwortung für den Widerstand zu übernehmen. Auch die Tschechen haben in einer weitaus günstigeren Ausgangslage 1938 nicht gekämpft, zum eigenen moralischen Schaden, wie ich glaube. Ganz anders dagegen die Finnen, die deshalb zu Recht mit Stolz auf ihre Vergangenheit blicken.

Wenige Tage später war Lettland an der Reihe, was jedermann hätte voraussehen können. Gleichwohl hatte Riga in diesen wenigen Tagen die estnische Regierung wissen lassen, daß Lettland sich abseits halten würde, wenn Estland angegriffen werden sollte.

Am 28. September nahm Estland das Ultimatum an, und unmittelbar danach begann der sowjetische Einmarsch. Wie zu hören war, hielten sich die Russen von Anfang an nicht an die getroffenen Vereinbarungen. Als die estnischen Generalstabsoffiziere an den Grenzübergängen feststellten, daß die Zahl von 25 000 Mann erreicht sei, hätten die russischen Offiziere das kurzerhand bestritten und ihre Transporte weiterrollen lassen.

Unsere Kaserne lag in nächster Nähe der Bahnlinie Narwa-Reval, der Hauptroute der Invasionstruppen. Wie es nun kam, weiß ich nicht mehr, aber an dem Tag, an dem die Transporte zu rollen begannen, standen mein Hauptmann und ich ganz zufällig nebeneinander am Zaun des Kasernengeländes und beobachteten die vorüberrollenden Züge. Auf einmal standen hier nicht mehr Vorgesetzter und Untergebener, sondern zwei Männer nebeneinander, die beide ihre Heimat liebten. Der Ältere aber wußte, daß er bleiben müsse, der Jüngere ahnte, daß er gehen würde. Meinem Hauptmann traten die Tränen in die Augen.

»Das ist das Ende«, sagte er leise.

Und das war es ja auch.

Das letzte Kapitel

Am 9. Oktober 1939 verbreiteten sich erste Nachrichten über eine bevorstehende Umsiedlung der Deutschbalten Estlands und Lettlands ins Deutsche Reich. Sechs Tage später unterzeichneten die deutsche und die estnische Regierung das Umsiedlungsprotokoll, und am 18. Oktober verließ das erste Umsiedlerschiff Reval mit fast 500 Menschen an Bord, unter ihnen meine Mutter.

Aufgrund des Protokolls konnten junge Deutschbalten, die im Register der deutschen Minderheit eingetragen waren und ihren Militärdienst ableisteten, ihre Entlassung zur Umsiedlung nach Deutschland beantragen. Nachdem die estnische Regierung sich dem sowjetischen Ultimatum gebeugt hatte, stand für mich fest, daß ich von dieser Möglichkeit Gebrauch machen würde. Mit wenigen Ausnahmen haben sich alle Deutschbalten für die Umsiedlung entschieden, ganz gleich, wie ihre Haltung gegenüber dem nationalsozialistischen Deutschland war. Viele besonders der älteren Generation angehörende Umsiedler hatten ihre mehr oder minder starken Vorbehalte, doch die Angst vor einer bolschewistischen Herrschaft überwog alle anderen Gefühle. Die meisten waren überzeugt, daß die Terrorherrschaft Stalins den sicheren Tod bedeuten würde, und das spätere Schicksal der estnischen und lettischen Oberschicht hat diese Befürchtungen weitgehend bestätigt.

Eine Alternative zur Umsiedlung aber gab es nicht. Zum einen hatte die Republik Estland am 6. Oktober alle Reisepässe der Deutschbalten annulliert und die Ausreise in dritte Staaten schon damit unmöglich gemacht. Zum anderen waren die meisten westlichen Länder ja nicht einmal bereit, die von den Nazis Verfolgten in größerer Zahl aufzunehmen, einschließlich der tödlich bedrohten Juden.

Ich stellte also meinen Antrag und wurde am 20. Oktober entlassen. Dabei wurde ich zum ersten und einzigen Mal Opfer einer Schikane. Am Vorabend der Entlassung stellte mein Feldwebel fest, daß mein Haar die vorgeschriebene Länge überschritten hatte. »Ab zum Haarschneider und rasieren lassen«, lautete sein Befehl. Meine Proteste fruchteten nichts. Da ich, so die Argumentation, an diesem Abend noch estnischer Soldat war, hatte ich mich nach den Vorschriften zu richten.

Die Gründe, die diesen wohlwollenden Mann zu einer so sinnlosen Entscheidung veranlaßten, kann ich nur erahnen. Es muß ihn mit großer Bitterkeit erfüllt haben, sein Land von Deutschland schmählich verraten zu sehen. Und dann mußte er noch erleben, daß junge Deutsche sich der Katastrophe ungestraft entziehen und sich in Sicherheit bringen konnten. Ich habe den Mann verstehen können.

In Reval zog ich für die letzten zehn Tage zu meinem Vater. Die Transporte waren in vollem Gang. Mein Vater arbeitete vom frühen Morgen bis zum späten Abend in der Organisation der Umsiedlung. Mir blieb es überlassen, den Hausstand aufzulösen.

Der Stimmung und der Abläufe dieser hektischen Tage entsinne ich mich nur undeutlich. Zu groß war der Schock, unter dem wir alle standen. Schließlich war in diesen wenigen Wochen zwischen dem 28. September und dem 9. November eine ganze Welt zusammengebrochen, eine Welt, die viele hundert Jahre Bestand gehabt hatte, 1917/18 schwer angeschlagen worden war, aber noch überlebt hatte. Davon, daß wir »freudig dem Ruf des Führers folgten«, kann keine Rede sein. Nur wenige der »bewegten« jüngeren Menschen mögen so empfunden haben. Andererseits aber war, soviel ich mich erinnern kann, auch Trauer nicht das vorherrschende Gefühl. Eher herrschte eine Art Amnesie. Man versuchte zu retten, was zu retten war, und vermied es instinktiv, darüber nachzudenken. Vor allem aber sahen wir in der Umsiedlung ja auch eine Errettung aus tödlicher Gefahr. Und schließlich: Von der Wirklichkeit im nationalsozialistischen Deutschland hatten die wenigsten eine ausreichende Vorstellung.

Im Prinzip konnten die Umsiedler ihre gesamte bewegliche Habe mitnehmen. Mein Vater und ich beschlossen aber, das meiste zu verkaufen oder besser: zu verramschen. Denn wie Schakale tauchten natürlich plötzlich überall Händler auf, um sich über das Umsiedlergut herzumachen und es zu Schleuderpreisen an sich zu bringen.

Von der Ausfuhr ausgeschlossen blieben Gegenstände von künstlerischem oder kulturgeschichtlichem Wert. Hier mußten gegebenenfalls besondere Genehmigungen eingeholt werden. In diese Lage kam auch ich. Mein Stiefgroßvater Michael Stackelberg, Onkel Mischa, hatte eine Sammlung von Gemälden baltischer Maler angelegt, und einige Stücke daraus waren auch in den Besitz meines Vaters gekommen. So ging ich zur zuständigen Behörde, während die Bilder zum Verpacken bereits in unserer Küche abgestellt waren. Die erforderliche Ausfuhrgenehmigung wurde mir großzügig erteilt, ein Ausdruck der sehr anständigen und keineswegs selbstverständlichen Behandlung, die wir in diesen letzten Tagen seitens der Esten und ihres Staates erfuhren. Als ich aber mit stolzgeschwellter Brust nach Hause kam, war die Küche leer, statt dessen fand ich meinen Vater vor, der ebenso stolz war wie ich.

»Stell dir vor«, sagte er, »soeben war ein Händler da, der für den ganzen Plunder in der Küche 150 Kronen geboten hat. Nun sind wir alles los!«

»Aber hast du denn nicht gesehen, daß unsere Bilder dabei waren?« fragte ich entsetzt.

Nein, das hatte mein Vater nicht, und so verloren wir die einzigen wertvollen Gegenstände, die wir noch besaßen. Ich nahm das Geld und kaufte mir dafür einen braunen Anzug, den ich gehaßt habe, bis auch er bei Kriegsende verlorenging.

Die restlichen Tage vergingen wie im Flug. Am 2. November bestieg ich gemeinsam mit meinem Vater das KdF-Schiff »Der Deutsche«. Ein anderes Leben nahm seinen Anfang, ein in meinen Augen ungewisses Leben.

CIP-Titelaufnahme der Deutschen Bibliothek
Staden, Berndt von:
Erinnerungen aus der Vorzeit :
eine Jugend im Baltikum 1919 – 1939 / Berndt von Staden. –
1. Aufl. – Berlin : Siedler, 1999
ISBN 3-88680-670-7

© 1999 by Wolf Jobst Siedler Verlag, Berlin,
in der Verlagsgruppe Bertelsmann GmbH
Alle Rechte vorbehalten,
auch das der fotomechanischen Wiedergabe.
Lektorat: Wolf J. Siedler jr.
Layout: Hans Peter Willberg, Eppstein
Satz und Lithoherstellung: Bongé + Partner, Berlin
Druck und Buchbinder: fgb, Freiburg
Printed in Germany 1999
ISBN 3-88680-670-7